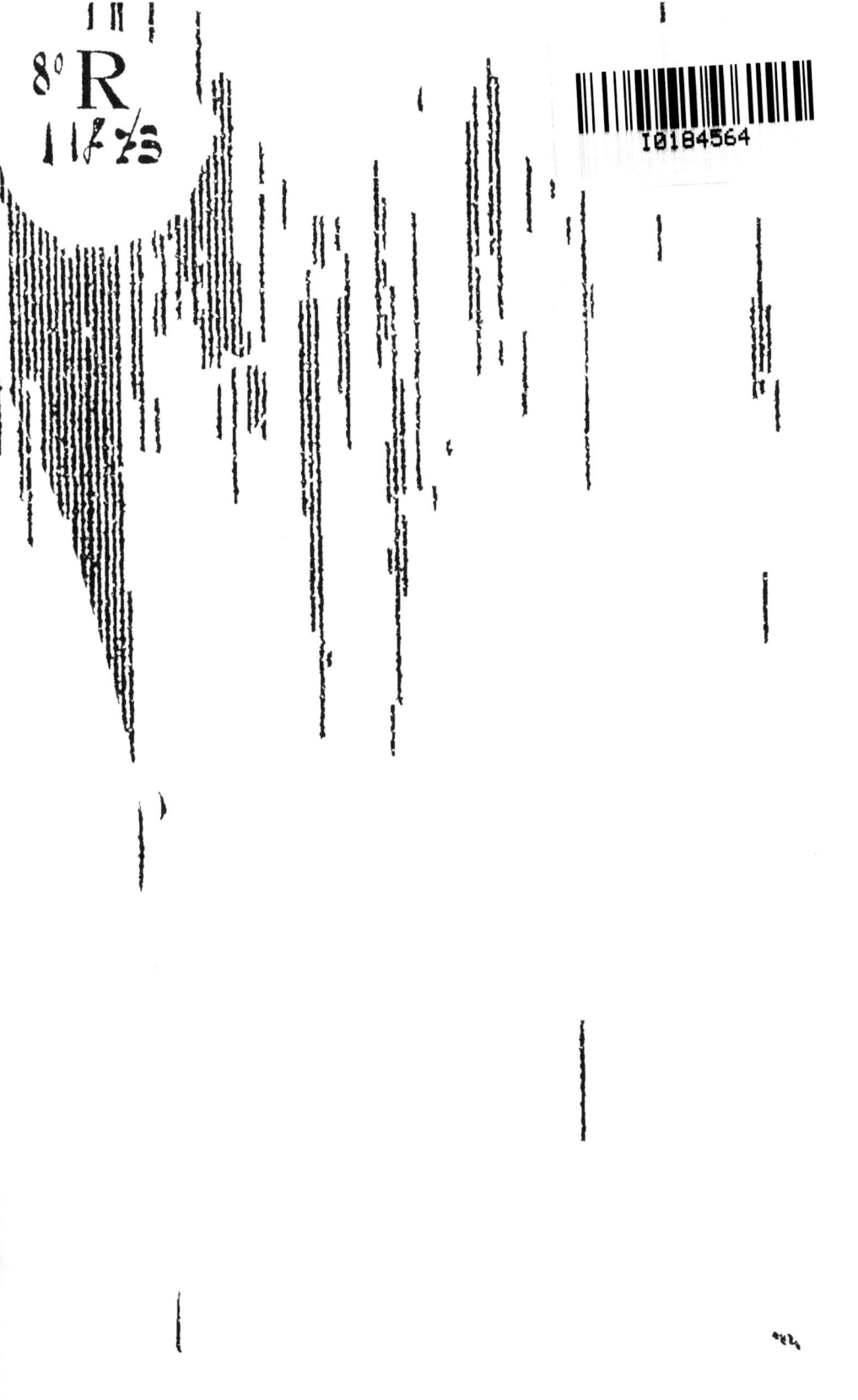

UNIVERSITÉ DE FRANCE.

ACADÉMIE DE CAEN.

FACULTÉ DES LETTRES.

THÈSE
DE PHILOSOPHIE.

ANALYSE ET CRITIQUE DU TRAITÉ DES SENSATIONS DE CONDILLAC.

CAEN,
Imp. et Lith. de PAGNY, rue Froide, 23.

JUILLET 1841.

UNIVERSITÉ DE FRANCE.

ACADÉMIE DE CAEN.

FACULTÉ DES LETTRES.

THÈSE

DE PHILOSOPHIE.

ANALYSE ET CRITIQUE DU TRAITÉ DES SENSATIONS, DE CONDILLAC.

CAEN,
Imp. et Lith. de PAGNY, rue Froide, 23.

JUILLET 1841.

Cette Thèse sera soutenue par Pierre-Théodose-Constant LEHARIVEL, régent de philosophie au collége de Magnac-Laval, licencié ès-lettres, aspirant au grade de docteur, le 16 août 1841, devant la Faculté des lettres de Caen.

A Monsieur Pihan *(Alençon),*

TÉMOIGNAGE DE RESPECT,

HOMMAGE DE RECONNAISSANCE.

Leharivel.

Magnac-Laval, 11 juillet 1841.

PHILOSOPHIE.

ANALYSE ET CRITIQUE
DU
TRAITÉ DES SENSATIONS,
DE CONDILLAC.

SECTION Ire.

Préliminaires.

Énumération des parties. — Analyse d'un Avis important au lecteur. — Analyse d'un Dessein du Traité des sensations. — Réflexions.

L'ouvrage entier se compose :
1° D'un Avis important au lecteur ;
2° D'un Extrait raisonné du *Traité des sensations*, précédé de son avant-propos ;
3° Du Dessein de cet ouvrage ;
4° Enfin du *Traité des sensations* lui-même.

Nous n'y faisons pas entrer la Dissertation sur la liberté avec le court avant-propos qui la précède. Cette dissertation postérieure, dans sa rédaction, au corps de l'ouvrage dont elle est restée séparée, et d'ailleurs composée en vue d'une justification que l'auteur croyait nécessaire, ne présente du reste rien de bien remarquable. — Passons donc à la discussion des quatre parties que nous avons indiquées, et premièrement de l'Avis au lecteur.

Renfermé dans l'étroite limite d'une page environ, cet Avis présente deux idées que doit retenir quiconque voudra lire l'ouvrage et le comprendre. — Pour se faire une idée de « la statue que nous allons observer....., il faut commencer d'exister avec elle, n'avoir qu'un seul sens quand elle n'en a qu'un, n'acquérir que les idées qu'elle acquiert, ne contracter que les habitudes qu'elle contracte : en un mot, il faut..., se mettant exactement à sa place..., n'être que ce qu'elle est ».

Ainsi nous voilà instruits indirectement, qu'une statue, un corps à forme humaine, mais temporairement privé des sens ou plutôt de l'usage de ces sens, et, partant, des sensations qui se produisent dans l'âme à l'occasion du jeu des organes, va poser devant le lecteur.

Et nous apprenons directement, d'un autre côté, à nous mettre et tenir en garde contre une illusion naturelle à notre entendement, et qui consiste à supposer gratuitement dans l'objet de nos idées les mêmes attributs que nous saisissons en nous, ou, comme on l'a dit depuis, à subjectiver l'objet : le lecteur se gardera donc bien de prêter avant le temps à la statue les cinq sens qu'elle possédera quelque jour, et de raisonner comme si véritablement elle les avait déjà. — C'est là que, pour le moment, et afin de ne rien précipiter, nous arrêtons les observations qui peuvent surgir à la lecture de cet avis, dans la prévision qu'elles trouveront ailleurs à se placer plus convenablement.

Nous devrions maintenant, pour suivre l'ordre des matières, passer immédiatement à l'examen de la seconde partie, c'est-à-dire de l'Extrait raisonné du *Traité des sensations*; mais l'ordre logique s'y oppose : l'extrait n'est que la reproduction du traité lui-même abrégé et généralisé : or, un abrégé, nous le savons, n'est véritablement bien compris qu'après la connaissance préalable de l'ouvrage qu'il résume ; une généralité à son tour veut être éclairée par la notion antérieure de chacune des individualités qu'elle réunit et contient ; aussi devrons-nous mener de front l'étude du traité et celle de l'extrait qui, au fond, ne forment qu'une même étude, et c'est ce que nous nous proposons de faire au temps venu. — En attendant, nous croyons plus logique de passer à la troisième partie, au Dessein de notre traité.

Trois idées principales nous paraissent remplir les sept pages qu'il renferme. Veut-on l'analyse textuelle de la première page et de la première idée : « Nous ne saurions nous rappeler l'ignorance dans laquelle nous sommes nés..., Nous ne nous souvenons d'avoir ignoré que ce que nous nous souvenons d'avoir appris... Cette mémoire réfléchie qui nous rend aujourd'hui si sensible le passage d'une connaissance à une autre, ne saurait remonter jusqu'aux premières : elle les suppose au contraire, et c'est là l'origine de ce penchant que nous avons à les croire nées avec nous... Il semble que la nature nous a donné l'entier usage de nos sens à l'instant même qu'elle les a formés ». Constatons donc, dès à présent, comme un des points caractéristiques du traité que bientôt nous étudierons, la proscription qui s'y trouve formulée de toute innéité soit de la pensée, soit des sens.

Des deux dernières idées qui se trouvent entremêlées et développées dans les six pages qui restent, l'une nous apprend que l'auteur n'a pas été seul à composer son livre; il eut une collaboratrice, une amie, à la mémoire de laquelle il le consacre. Quelle est, dans cette œuvre commune, la part de Mademoiselle Ferrand ? Que doit-il à ses lumières ? Ici, comme ailleurs, l'amour-propre de Condillac s'exécute franchement dans l'intérêt de la vérité : la vérité avant les satisfactions égoïstes, avant la gloriole d'auteur ! Si la vérité doit quelquefois se taire et se cacher, que de plus puissantes considérations viennent lui fermer la bouche et lui voiler la tête.

Mais cette femme à la vue lucide, à l'ascendant si fort ainsi qu'à l'extrême modestie, elle est morte, morte sous ses yeux ; et sa douleur résignée ne verse pas une larme. « Pour jouir tout à la fois et du chagrin de la regretter et du plaisir de parler d'elle, » il s'adresse — Condillac trouvera un sujet de joie là où d'autres n'auraient su que s'affliger — il s'adresse, disons-nous, sans doute pour la consoler, à Mme de Vassé, le troisième terme un peu pâle du trio de l'amitié, se félicitant de pouvoir quelquefois s'entretenir avec elle de l'amie qu'ils ont perdue et d'accomplir ainsi ses dernières volontés.

Hâtons-nous de traverser ces détails plus littéraires que scientifiques et philosophiques, et qui, si nous ne désirions être complet, n'auraient guère que le mérite de nous faire pressentir dans la personne de l'auteur, l'homme à la vie douce, simple, aimante, sédentaire et retirée. Mais nous ne pouvons quitter ce sujet sans restituer auparavant à notre écrivain un caractère qu'il semble en quelque sorte cacher, et dont plus d'une fois, dans le cours de ces études, nous aurons à nous souvenir ; c'est à l'*abbé* de Condillac que notre littérature philosophique doit le traité dont nous nous occupons.

La troisième idée enfin est le compte-rendu de la marche qu'ils ont suivie — ils étaient deux, ne l'oublions pas — dans l'invention et la disposition de leur sujet. Laissons parler l'auteur : bien qu'une partie des idées qu'il rappelle nous ait été déjà suggérée à la lecture de son avis, il nous aura fait avancer d'un pas : « Nous imaginâmes une statue organisée intérieurement comme nous et animée d'un esprit privé de toute espèce d'idée ; » nous comprenons pourquoi : il s'agissait de détruire l'hypothèse des idées innées, et, dans ce but, il fallait remonter jusqu'à nos premières connaissances et nous montrer comment nous les acquérons. « Nous supposâmes encore que l'extérieur tout de marbre ne lui permettait l'usage d'aucun de ses sens. » A merveille ! Ne voulait-on pas proscrire cette autre opinion que l'usage des sens est inné et n'a pas besoin d'expérience et d'études ? Quel autre moyen alors devait être employé que celui de nous les faire voir inactifs encore et engourdis, stériles et improductifs, pour leur faire bientôt remplir sous nos yeux leurs premières fonctions. « Et nous nous réservâmes la liberté de les ouvrir, à notre choix, aux différentes impressions dont ils sont susceptibles. Nous crûmes devoir commencer par l'odorat, parce que c'est de tous les sens celui qui paraît contribuer le moins aux connaissances de l'esprit humain. » — Débuter par le plus simple (Descartes) ; — « les autres furent ensuite l'objet de nos recherches, et, après les avoir considérés séparément et ensemble, nous vîmes la statue devenir un animal capable de veiller à sa conservation. »

Nous finirons cette introduction par quelques courtes réflexions. — Après avoir dit que tout dans l'homme psychologique, et nous verrons plus tard que c'est bien là l'esprit de l'ouvrage, jugements, réflexions, désirs, passions, etc., se ramène à un seul principe, la sensation, notre philosophe en prend occasion d'admirer « la simplicité des voies de l'auteur de la nature. » Nous n'aurions pas songé à relever cette pensée que nous croyons n'avoir été d'aucun poids dans le parti qu'a pris Condillac, si nous n'avions cru y voir une sorte de contre-poids apporté à une autre assertion des plus graves que nous rencontrons dans une note quelques lignes plus haut. — En général, c'est dans les notes, de loin en loin semées, que l'auteur a laissé percer toute l'intimité de sa pensée mobile, nous verrons jusqu'à quel point. Voici le sens de la note en question :

Objection. La sensation, dites-vous, donne naissance à toutes les facultés de l'âme humaine; mais l'âme des bêtes, elle aussi, a des sensations; elle jouirait donc de toutes les facultés de l'âme humaine : or, le contraire a lieu. — *Réponse.* C'est vrai; mais cette différence tient à la différence de perfection de l'organe du toucher. — *Objection.* Mais si c'est la différence de l'organe (d'Holbach) qui donne à celle-là son infériorité, sa supériorité à celle-ci, en elles-mêmes les âmes sont donc égales de part et d'autre? — Ici évidemment la philosophie n'a pas de réponse; la théologie va se charger d'en fournir une : Il n'y a pas égalité de nature; car (écoutons la preuve) « serait-il de la sagesse de Dieu qu'un esprit capable de s'élever à des connaissances de toute espèce, de découvrir ses devoirs, de mériter et de démériter, fût assujetti à un corps qui n'occasionnerait en lui que les facultés nécessaires à la conservation de l'animal?... Donc le philosophe doit conclure, conformément à ce que la foi enseigne, que l'âme des bêtes est d'un ordre essentiellement différent de celle de l'homme. »

En présence de ce morceau dont le sens est conservé intact, et dont nous n'avons changé la forme que pour mieux faire ressortir le vice qu'elle recouvre, nous l'avouons, il ne nous est guère possible de concevoir comme tout-à-fait involontaire une semblable inconséquence :

nous n'en sommes pas à Malebranche l'optimiste. Oui, l'auteur a compris, il est difficile d'en douter, que l'objection est d'un philosophe, la réponse d'un théologien ; il a compris que, dans le Traité des sensations, pareille réponse ne pouvait être péremptoire : et pourtant il la donne comme telle. De plus, il n'ignorait pas que son traité motive l'objection et, qui plus est, la laisse sans réplique ; et sur le premier point, il a l'air de le nier, et sur le second, il ne craint pas de renvoyer à « la lecture de cet ouvrage. »

Soit donc réserve prudente, ce que nous ne chercherons pas à pénétrer plus à fond, soit inconcevable absence de l'auteur, toujours est-il qu'ici la théologie vient appuyer les prétendues données de la philosophie. Une solution de théologie semble, dans la pensée de Condillac, parfaitement apte à trancher une question philosophique : or, c'est là un fait d'autant plus curieux à constater, qu'il est le seul de ce genre que nous nous souvenions d'avoir rencontré dans tout le traité, tandis que, plus bas, nous trouverons au contraire nettement proclamée, quoique indirectement, l'indépendance de la philosophie à l'égard des affirmations théologiques qu'elle a le droit de révoquer en doute, de nier même : le prêtre, dans sa lutte avec le libre penseur, triomphe d'abord, puis finit par céder.

Encore un mot : l'objection plus haut produite sous forme de dialogue, en assimilant l'âme humaine à celle des bêtes qui pour un grand nombre d'esprits est sujette à la mort, nous mènerait directement à cette conséquence si grave de la mortalité de nos âmes. N'est ce pas là une raison puissante pour rechercher avec tout le soin dont nous sommes capable, la valeur intrinsèque des prémisses qui l'ont produite : or, le Traité des sensations n'est pas autre chose que l'exposé de ces prémisses entourées de la série des développements naturels qu'elles comportent et entraînent après elles. — Un autre résultat encore de cette étude, lequel ne manque pas d'importance non plus, bien que cette importance soit plus spécialement théorique ou scientifique, ce sera de nous initier dans la connaissance des principes et des bases de cette tendance réelle que notre langue appelle matérialisme ou sensualisme, et qui, fondée ou non, n'en est pas moins toujours le produit de la pensée humaine et motiverait suffisamment, à ce titre seul, notre sérieuse attention. Nous disons connaissance de principes ou de bases ; car tout système philosophique, quelle qu'en soit la couleur, va nécessairement chercher son point d'appui dans la psychologie ; c'est un traité psychologique, comme nous l'allons voir, que le Traité des sensations.

SECTION II.

Le fond de la Question.

Avant-propos de l'Extrait. — Analyse et critique du premier livre du Traité et de la partie de l'extrait qui y correspond. — Conséquences prochaines.

Enfin nous pourrons aborder bientôt le Traité des sensations et concurremment l'Extrait raisonné de ce traité. —Nous ne commencerons pas sans déposer ici l'expression bien sincère de notre vif regret pour la liberté, qui ne nous fut pas donnée, de consulter plusieurs philosophes modernes, lesquels, comme M. Laromiguière, ont jugé avec plus ou moins de détails ce même ouvrage ou les opinions qu'il professe. Notre faiblesse de jeune homme qui débute nous dit assez que c'est chose doublement pénible, au milieu de tant de richesses intellectuelles, de se sentir réduit à une pénurie presque complète. Comment donc les bibliothèques de nos chefs-lieux semblent-elles refuser de s'ouvrir pour les monuments les plus importants de la philosophie de notre époque, tandis qu'elles s'empressent de recevoir dans leurs rayons une foule de publications littéraires souvent de médiocre valeur?

Avant d'attaquer le point principal et décisif de notre tâche, nous sommes tenu encore d'analyser en quelques mots ce que nous avons appelé l'avant-propos de l'Extrait. Nous passerons rapidement : ailleurs est le nœud qu'il nous faut délier.

« Le principal objet du Traité des sensations est de faire voir comment toutes nos connaissances et toutes nos facultés viennent des sens, ou, pour parler plus exactement, des sensations. » L'art de raisonner ou de conduire nos pensées d'une manière sûre, exige la connaissance préalable de la formation de la pensée et de son origine, c'est-à-dire pour Condillac de la sensation. D'accord. Mais il y a bien longtemps qu'Aristote vous a devancé sur ce point, et, de ce côté, que peut-il vous rester à faire? — Il est vrai qu'Aristote nous a donné le principe justement fameux : *nihil est in intell.*, etc. ; mais ni lui, ni ses disciples au moins directs ne l'ont expliqué ni développé. — Personnellement, je crois pouvoir assurer que c'est à tort qu'on attribue cette sentence au rival illustre du divin Platon : c'est une erreur presque générale dont n'ont pas su se préserver des hommes aussi érudits que MM. de Salinis et de Scorbiac. L'auteur de l'apophthegme est très-probablement Chrysippe, la colonne du Portique.—Voy. MM. A. Charma (*Réponses aux questions de philosophie*, 3ᵉ édit., pag. 138), Patrice-Larroque... et la doctrine psychologique d'Aristote.

Mais plus tard Locke est venu et s'est jeté dans des détails très-circonstanciés.— Oui ; mais il a commis la faute d'admettre en principe une dualité psychologique qui l'a détourné de remonter à l'origine même et à la génération de nos idées. Il a vu faussement dans ces idées quelque chose d'inné, d'instinctif, ayant seulement le pouvoir de se perfectionner par l'exercice, mais ne pouvant s'expliquer par des habitudes acquises. Il n'a pas connu combien nous avons besoin d'apprendre à toucher, à voir, à entendre, etc. (nous remarquons que c'est toujours la question de la double innéité qui est sous jeu); et, de plus, une foule de jugements qui se mêlent à toutes nos sensations lui ont échappé.—Il y a bien lieu de s'étonner assurément du silence absolu gardé sur Hobbes, auquel l'auteur se rattache bien plus, quoiqu'il en dise, qu'à son puiné, John Locke, qu'il a mutilé et dont il s'est si souvent séparé : serait-ce ignorance ou plutôt timidité et précaution motivées par la réputation mal sonnante qu'on avait faite au hardi penseur de Malmesbury ?

Buffon enfin, dans l'histoire qu'il a écrite de nos pensées, a eu, lui aussi, le tort de supposer dans l'homme des habitudes déjà prises, tandis qu'il aurait dû les lui faire acquérir; comme Locke, il ne connaît pas par quelle sorte de jugements chaque sens se développe, et, dès les premiers instants, il se met en devoir de diriger et de déterminer tous ses développements : en somme, il part de trop bas et ne songe pas à remonter jusqu'à la source primitive.

Le Traité des sensations est le seul ouvrage qui dépouille l'homme de toutes ses habitudes, qui observe le sentiment dès sa naissance et démontre comment nous acquérons l'usage de nos facultés.

Or, qu'est-ce que le sentiment à sa naissance? Sera-ce de l'indifférence? l'homme alors n'ayant aucun intérêt à s'occuper de ses sensations, les impressions que les objets feraient sur lui passeraient comme des ombres et ne laisseraient point de traces. Après plusieurs années, il ne serait pas plus avancé qu'au premier moment, avec son sentiment toujours improductif et inutile. Ce sera donc du plaisir ou de la douleur. Est-ce du plaisir? On esquive la question et l'on répond indirectement : c'est de la douleur. Cette réponse, du reste, est naturelle et acceptable : le plaisir s'enfermerait dans la jouissance de son bien et n'en sortirait pas. Il nous faut donc la douleur provenant de la privation d'un objet utile, privation qui donne lieu à l'inquiétude, cause de nos déterminations et de toutes les habitudes de l'âme et du corps : « habitude de toucher, de voir, d'entendre, de sentir (*odorari*) et de goûter; de comparer, de juger, de réfléchir, de désirer, d'aimer, de haïr, de craindre, d'espérer, de vouloir. » J'ai cité textuellement ces quelques mots, sous lesquels notre auteur a résumé à l'avance cette classification que dans un instant il va développer devant nous, et qui appuie tout l'édifice psychologique sur la base de l'élément sensible, du sentiment, ou plutôt, comme il le dit presque toujours, de la sensation.

Notre point de départ est trouvé; qu'elle sera notre marche maintenant?—Pour découvrir le progrès de toutes nos connaissances et de toutes nos facultés, il fallait, si nous en croyons Condillac, démêler, ce qui n'avait jamais été fait, la part que nous devons à chaque sens. — On comprend cette conclusion et sa vérité relative. En psychologie, tout vient de la sensation; c'est dire que tout vient des sens, passe par les sens : donc, en étudiant isolément les données des divers sens, puis en rapprochant ces données, nous aurons nécessairement pour total l'esprit humain tout entier. Abstraction faite de l'antécédent qu'il reste à établir, la conséquence est rigoureuse; c'est donc sur cet antécédent que le débat va porter.

En résumé l'homme, préalablement et avant tout, nous avons besoin de le redire et de nous en souvenir, c'est un esprit privé de toute idée, destiné à sentir (plaisir ou douleur) et pour cela doué de cinq organes ou sens. « C'est le point de vue de Locke, sauf la réflexion supprimée et la tendance idéaliste tellement affaiblie, qu'elle n'apparaîtra qu'une fois dans toute l'étendue du traité.

Et c'est principalement d'après les diversités naturelles qu'ont paru présenter ces sens, que s'est réglée la distribution du livre en quatre parties, ainsi qu'il suit :

Ire PARTIE. — *Des quatre sens qui par eux-mêmes ne jugent pas des objets extérieurs, c'est-à-dire de l'odorat, de l'ouïe, du goût et de la vue.* (12 chapitres).

IIe PARTIE. — *Du toucher ou du seul sens qui juge par lui-même des objets extérieurs.* (12 chap.)

IIIe PARTIE. — *Comment le toucher apprend aux autres sens à juger des objets extérieurs.* (11 chap.)

IVe ET DERNIÈRE PARTIE. — *Des besoins, de l'industrie et des idées d'un homme isolé qui jouit de tous ses sens.* (9 chap.)

Avec l'examen de ce traité et de l'extrait commence proprement la tâche de la critique que nous espérons, malgré ses difficultés, mener heureusement à terme. Nous suivrons l'auteur pour ainsi dire pas à pas.

« La statue, bornée au sens de l'odorat, ne peut connaître que des odeurs », 1re part., chap. 1er, §. 1er. Remarquons ce mot, *connaître* : c'est à un *sens* qu'il appartient de nous faire connaître; un organe, une propriété de sentir, nous donne des connaissances, des pensées ! Nous attendrons l'explication de ce qu'il peut y avoir de choquant dans ce rapprochement. « A la première odeur, la capacité de sentir de notre statue est toute entière à l'impression qui se fait sur son organe : voilà ce que j'appelle attention ». Et dans l'extrait : « Si une multitude de sensations se font à la fois avec le même degré de vivacité ou à peu près, l'homme n'est encore qu'un animal qui sent..... Mais ne laissons subsister qu'une seule sensation, ou même, sans retrancher entièrement les autres, diminuons-en seulement la force ; aussitôt... la sensation devient attention..... Une sensation est attention, soit parce qu'elle est seule, soit parce qu'elle est plus vive que toutes les autres ».

Sans contredit et à *priori* il serait merveilleux qu'une question de degré comme le plus ou le moins de vivacité et d'énergie, ou même cette circonstance tout extérieure et relative de l'isolement ou de l'association pussent changer la nature d'un élément, d'une sensation, par exemple, et la transformer *ipso facto* en attention : oui, ce serait là du merveilleux que l'intelligence humaine, telle qu'elle est faite, et dans la période de ses développements instinctifs, ni ne comprend ni n'approuve, sauf le cas d'identité de nature préalablement admise, ce qui serait une erreur, comme il sera facile de s'en convaincre. Mais hâtons-nous de substituer à l'instinct et à ses douteuses lueurs la réflexion et son éclatante lumière.

Avant de pouvoir juger en connaissance de cause la réduction ou transformation proposée, il faut savoir au juste quel est pour l'auteur cet élément capable d'absorber l'attention qui rentre en lui et en sort : qu'est-ce, pour Condillac, que la sensation ? Il ne s'agit ici que d'une définition de nom que nous admettrons telle qu'elle nous sera donnée.

Indépendamment de sa manière d'envisager le sentiment qui, nous venons de le voir dans l'avant-propos, pour être efficace, productif et en état d'amener à sa suite la série d'anneaux qui composent la chaîne psychologique, se résume sous ces deux mots : douleur et plaisir; nous lisons dans le traité : « L'âme à l'occasion des organes éprouve des sensations... Il y a des sensations agréables et des sensations désagréables... Il n'y en a pas d'indifférentes ». Il est donc bien entendu qu'en ce sens tout sentiment, et plus ordinairement toute sensation, est ou plaisir ou douleur, rien de plus. Mais alors que sera l'attention? Évidemment l'attention n'est pas une pure sensation (douleur ou plaisir); la conscience et notre expérience personnelle ne nous suffisent-elles pas pour nous en convaincre? Souvent, pour ne pas dire toujours, dans l'attention il n'y a rien de la sensation proprement dite : combien de fois ne suis-je pas attentif sans éprouver ni douleur, ni plaisir? Et lors même que les deux ordres de faits, sensation et attention, apparaissent contemporains dans le même individu, est-ce à dire qu'ils se confondent pour la perception intérieure qui les saisit tous les deux? C'est là une question qui, comme toutes les questions de faits, ne s'accommode point d'un déluge de paroles, et se ramène uniformément à l'observation que nous n'avons, en pareille matière, qu'à indiquer. Après tout, la réponse assurément n'est pas de celles qui présentent de sérieuses difficultés : regardez un objet, n'importe lequel, un objet physique, si vous le voulez bien; observez-le avec toute la tension d'esprit dont vous êtes capable; soyez attentif, en un mot, et puis, par un retour soudain sur vous-même, scrutez-vous et retenez bien ce que vous voyez : tournez ensuite votre regard sur un plaisir ou une douleur antérieurement éprouvés et ressuscités par la mémoire ou auxquels vous vous soumettrez à l'instant même ; comparez enfin, et après... dites ce que vous avez vu (car tout revient là); prononcez, vous en avez le droit; j'attends sans crainte votre jugement souverain.

A ce sujet, l'auteur ne saurait guère être accusé d'ignorance, et sa faute est plutôt, consciencieusement nous devons l'admettre, de ne s'en être pas tenu scrupuleusement à ses fragments de définition : oublieux de son interprétation première, il en a vaguement et tacitement adopté une autre plus large et plus compréhensive. Quelle est-elle? Un mot émis plus haut nous met sur la voie. Les sens n'éprouvent pas seulement des plaisirs et des douleurs; ils connaissent encore et distinguent ces impressions diverses : de telle sorte que la sensation, donnée des sens, n'est plus simplement un phénomène affectif, elle est en même temps un phénomène intellectuel. On ne s'est pas borné à représenter par le mot *sensation* les différentes affections, peines ou joies, à leur état idéal et abstrait où nul élément étranger ne vient se mêler à elles. Comme l'élément affectif ne vit, n'a son jour et son heure dans la vie, qu'à la condition d'être saisi, perçu par la conscience qui instruit le moi de la modification sensible qu'il subit et doit subir en conséquence des lois de sa nature ; cet élément de conscience ou intellectuel, accompagnement constant et obligé du premier, a été facilement confondu avec lui ; et pour exprimer deux faits distincts, mais étroitement unis, on n'a employé qu'un signe : sensation, sentir. La méprise était bien naturelle, si naturelle qu'on ne l'a peut-être pas encore assez remarquée aujourd'hui où l'on continue d'exprimer par un seul et même terme, sentir, les deux classes de faits qui se traduisent d'un côté par plaisir et douleur, de l'autre par connaissance ou pensée, avec cette restriction qu'il ne s'agit dans ce cas que de la connaissance du monde matériel, le seul qui puisse impressionner les sens. Toutefois cette restriction n'empêche pas qu'il n'y ait là un élément représentatif ou intellectuel à côté de l'élément sensible pur ; loin que la sensation, comme on l'a définie, puisse être le principe de la pensée, elle n'existe elle-même véritablement, de sa vie réelle et manifeste, que grâce à un acte de pensée qui la fait connaître et la rattache au moi dont elle se trouve dépendre. — La pensée, au reste, n'est pas la partie saillante du tout en question ; raison de plus pour qu'elle s'absorbe et disparaisse dans l'autre.

Ainsi dans le premier sens, dans le sens étroit du mot sensation, on avait à reprocher au système matérialiste de donner, comme conséquence et produit d'un fait, un second fait nécessaire déjà pour que le premier passât du domaine creux et vide de l'abstraction dans la sphère solide de la vie réelle.

Veut-on entendre le terme sensation dans son acception la plus large, celle où il représente la réunion de deux phénomènes sous une seule désignation ? la sensation est-elle une totalité, et n'est-elle plus qu'une unité factice et purement nominale ? mais alors que devient « cette simplicité des voies de l'auteur de la nature » que Condillac admire si naïvement en sa double qualité d'homme religieux et d'auteur ? que devient cette génération prétendue de la pensée par le sentiment, puisqu'on admet maintenant que ces deux faits existent à la fois dans le premier acte de l'esprit ? — Il faut opter entre cette seconde explication qui ruine l'unité simple, principe du système, et la première qui rend impossible l'apparition de toute idée : qu'y a-t-il de commun, pour y revenir, entre le plaisir et la douleur, tels que nous les avons montrés dans leur isolement, et d'autre part la connaissance et la pensée ; comprend-on qu'il y ait identité entre ces deux réalités, que l'une soit réductible à l'autre? penser, en un mot, est-ce jouir, est-ce souffrir ?

L'interprétation unitaire, si elle pouvait être sciemment proposée, ce que nous croyons impossible, ne saurait rendre compte absolument d'aucune pensée, quelle qu'elle soit, ni par conséquent, pas plus que l'autre, et, *a fortiori*, de cette classe d'idées que l'on a coutume de rapporter à la raison ou intuition : idées de cause, de substance, de temps, d'espace... Nous n'insisterons pas sur ce point développé de nos jours par MM. Royer-Collard, Cousin, Garnier, etc. ; seulement nous verrons, quand nous en viendrons aux détails, comment Condillac cherche à échapper à cette conséquence obligée de sa théorie sur l'origine des idées, théorie que nous venons de considérer dans ses deux résultats principaux.

Nous pouvons espérer maintenant, après la discussion qui vient de se fermer, qu'une distinction s'est assez nettement dessinée dans les esprits : les deux éléments sensible et intellectuel se sont dégagés et séparés; chacun d'eux a pris à nos yeux la place et l'importance qu'il mérite; nous ne songerons plus à les assimiler, à faire disparaître dans l'un le schème, le caractère individuel et distinctif de l'autre; pensées et connaissances, plaisirs et douleurs, deux classes de phénomènes que nous maintiendrons, dans leurs sphères respectives, d'une main ferme, à balances égales; c'est un pas de fait, mais il faut poursuivre : revenons à l'attention.

L'attention contient en partie de l'intelligence, de la pensée, et comme telle, bien certainement, elle ne peut sortir de la sensation proprement dite. Mais l'attention n'est-elle que pensée et rien au-delà ? l'observation, l'analyse même la plus superficielle y voit autre chose. Pour elle aussi l'attention est un phénomène complexe dans lequel entre l'activité ou volonté à côté de la pensée, ou plutôt au-dessus de la pensée, la dominant et la tenant sous sa loi; l'attention, n'est-ce pas la force humaine qui s'est emparée de l'entendement, le dirige et le maintient ? Si vous voyez par impossible une chose différente sous ce terme et que vous puissiez définir ce que vous y voyez, il n'en restera pas moins à expliquer un fait qui appartient sans aucun doute à la psychologie. Mais non, tout le monde est d'accord sur cette question de mot.

Or, cette force, propriété de l'homme, et qu'il importe peu de rencontrer (sa présence y est plus que contestable) dans le phénomène de la sensation, du moment où elle ne constitue pas ce phénomène (ce qui est évident, force n'étant pas synonyme de plaisir ou douleur), cette force humaine, qui fait la base de l'attention avec cette particularité qu'elle y est à l'œuvre, appliquée, et portant l'intelligence sur quelque objet spécial, cette force, elle non plus, n'est point la sensation ; qui en doute ? n'est pas contenue dans la sensation; l'auteur lui-même ne tardera pas à nous l'avouer, et se montre essentiellement différente.—Remettez-vous donc maintenant en quête; observez; analysez, s'il y a lieu ; et puis, l'étude une fois faite de l'élément nouveau, l'activité, rapprochez votre résultat dernier du résultat ancien obtenu sur la sensation ; et enfin, après les avoir comparés, vous serez en droit de répondre à cette interrogation : l'activité, la force humaine, est-ce plaisir, est-ce douleur ?—Et si, nous n'en saurions douter encore un seul instant, votre observation comme la nôtre décide négativement cette question aussi bien que la question correspondante précédemment indiquée, il sera donc vrai de le dire : l'attention n'est pas du plaisir, n'est pas de la douleur; sous aucune de ses faces elle n'est expliquée par Condillac ; elle ne peut en aucun cas être définie une transformation de la sensation ; voilà un nouvel élement, la volonté, la force, irréductible aux deux premiers, la sensation et la pensée, avec lesquels il forme cette triade psychologique qui vient si malencontreusement rompre et démasquer l'unité factice, menteuse du système que nous examinons.

Nous ne pousserons pas notre analyse plus avant dans cette direction, bien que, pour être tout-à-fait complet, il fallût, selon M. Charma (*Réponses aux questions de philosophie*, pag. 17), mentionner en outre deux autres classes d'éléments distincts et *sui generis*, dont l'addition aux trois premières catégories ferait seule une somme égale à l'universalité des phénomènes spirituels : la force motrice et l'effort d'une part, de l'autre la croyance et la foi. Une étude en ce sens ne nous paraîtrait pas s'adresser assez directement à l'auteur du Traité des sensations. Nous la laissons donc, et reprenons notre proposition précédente.

La force ou activité humaine ne pouvait, pas plus que la pensée, se dire une sensation transformée : c'eût été véritablement un effet sans cause, nous l'allons voir. Pas plus que la pensée, elle ne devait se noyer et se perdre dans le sentir. Et cependant, la confusion sur ce point a été beaucoup plus complète qu'à l'égard de l'intelligence elle-même. Notre auteur ne se doute pas un moment de ce qu'il y a d'étrange et d'énorme dans sa génération de la force active par une propriété toute passive, comme il le reconnaît lui-même, par la sensibilité. Voici, du reste, sur ce chapitre curieux et si important, tout ce que nous a offert son ouvrage. Dans un endroit il établit que « de notre nature, nous sommes tantôt actifs et tantôt passifs... L'âme est passive, ajoute-t-il, au moment qu'elle éprouve une sensation, parce que la cause qui la produit est hors d'elle ; elle est active, lorsqu'elle se souvient d'une sensation, parce qu'elle a en elle la cause qui la lui rappelle. » Comment ! dans un cas l'âme contient ce que vous appelez une cause, dans un autre elle ne le contient pas ! et vous déduisez le premier fait du second ! n'est-ce pas là, ou jamais, tirer l'être du néant ? Et la même idée, sous d'autres termes, se reproduira un peu plus bas.

Pour en revenir à notre point de vue, force nous est de reconnaître que ce dernier exemple, outre qu'on peut lui reprocher son extrême concision, pèche de plus et est mal choisi à un autre égard. S'il y a le souvenir actif, il y a aussi le souvenir passif, que l'on oublie, et qui pourtant n'est ni moins fréquent, ni moins certain. D'ailleurs, l'élément actif qui s'associe parfois au souvenir, ne le constitue point ; et en confondant presque l'activité avec un fait qui en est entièrement distinct, on montrerait que la notion qu'on en a, enlacée dans les langes obscurs du concret, n'a pas su jusque-là s'en détacher et s'élever à la simplicité lumineuse de l'abstrait, qui seul donne nettement la nature de chaque réalité. — L'auteur parle bien encore dans plusieurs endroits d'un accroissement d'activité, résultant du concours de certaines circonstances favorables, comme la curiosité, etc... ; mais ce sont là des questions de degré qui ne disent rien sur la nature du fait et la supposent même connue. — Il dit encore avec tout le monde et en toute occasion, d'une part *porter*, *prêter*, *donner* son attention ; et de l'autre *subir*, *éprouver* et *recevoir* des impressions, des sensations (impression, sensation deux termes que bien à tort il identifie sans cesse) ; mais tout cela en passant, sans y voir plus loin ni en déduire aucune conséquence. — Enfin, dans une courte et précieuse note reléguée au bas d'une page, on peut lire : « Il y a en nous un principe de nos actions que nous sentons, mais que nous ne pouvons définir : on l'appelle force. Nous sommes également actifs par rapport à tout ce que cette force produit en nous et au dehors. Un être est actif ou passif, suivant que la cause de l'effet produit est en lui ou hors de lui. » Certes, cette dernière explication est satisfaisante ; elle ne manque ni de netteté, ni d'étendue, à l'encontre de celle que nous avons rapportée plus haut, puisqu'elle a su s'élever à la généralité et en même temps bien purifier et isoler son objet de tout principe étranger. C'était donc ici le lieu, de fonder, en partant de là, un système moins simple que celui de l'unité, mais plus vrai, plus durable et qui, à côté de l'élément sensible primitivement reconnu et de l'élément intellectuel qu'il fallait à son tour reconnaître, eût admis, pour compléter la triade psychologique, l'élément actif, l'activité. — Toutefois nous inclinerions à penser que cette note, restée improductive elle-même, n'a été écrite et conçue que postérieurement à la rédaction de l'ouvrage. C'eût été pour répondre à un scrupule tardif qu'on eût dit de la force humaine « que nous ne la pouvions définir, » voulant faire entendre par là sans doute que nous n'avions pas à nous en occuper ni à en tenir compte : ce qui serait complètement faux et ne peut se soutenir une minute qu'à l'ombre du vague dont cette pensée a pris soin de se tenir entourée. — Quant à la non-réintégration de l'élément actif lorsqu'on était en si belle voie, on ne peut pas trop s'en étonner ; il en eût coûté un système, et nous savons assez tout ce qu'un pareil sacrifice a dû difficile et de rare.

En résumé, fausse génération de deux grandes classes de produits spirituels, venant comme conséquence de l'état d'imprécision et de vague dans lequel a été laissée la troisième classe, qui est réputée les engendrer l'une et l'autre, tel est le vice majeur dont la théorie de Condillac est entachée, et qui, en commun avec un autre que nous allons montrer tout-à-l'heure, contribue, à peu près exclusivement, à imprimer au système sa couleur prédominante, qui est le matérialisme ou sensualisme, comme nous nous en assurerons de plus en plus.

J'arrive à ce vice nouveau sur lequel j'annonçais quelques éclaircissements. Il n'est pas sans rapport avec le précédent. Tout acte et tout phénomène spirituel supposent et nécessitent dans l'âme soit une aptitude ou capacité, soit une faculté ou puissance. De quelque manière que nous sachions cela, nous le savons et y croyons irrésistiblement; ces notions d'ailleurs (on le reconnaîtra aisément pour peu qu'on y réfléchisse), les sens sont tout-à-fait incapables de nous les donner; elles rentrent dans celles qu'il faut rapporter à la raison et dont la sensation ne rend pas compte. Une capacité, une faculté qui n'est qu'une cause, sont-elles perçues par les yeux, par la main, par l'ouïe?... Et pourtant la réduction devait sourire à Condillac; elle complétait et perfectionnait sa théorie incomplète: ce qui n'empêche pas que sur ce terrain il ne dût se sentir à l'étroit et gêné; aussi remarque-t-on qu'il se tire d'affaire par le silence et ne dit pas un mot du côté subjectif du fait. Quant à ce fait en lui-même et séparé du sujet qui le supporte, il n'était guère possible de ne le pas mentionner: comment, dans un traité de l'âme, ne pas nommer les propriétés et les facultés de l'âme? Or, c'est ce que Condillac fera à la lettre : il nomme sans développements, sans la moindre explication; il nomme et passe outre. Il semble pressentir quelles seraient pour lui les difficultés inextricables d'une telle position; il aura la prudence de ne s'y pas engager.

A l'occasion des facultés, la question de nature se trouvant ainsi franchie et tout d'un bond escaladée,—et nous avons reconnu que l'auteur n'en a guère fait moins pour leurs produits et en particulier pour celui qui est supposé absorber et résumer les autres, la sensation, — une autre question que tout au contraire il aime à se poser à l'exemple de Loke, nous l'avons pu voir au sujet de l'activité et de la pensée, celle d'origine, a dû se présenter à son esprit. Pour qui voulait être conséquent jusqu'au bout, il n'y avait pas deux réponses à faire, notre prémisse acceptée : nos facultés, elles aussi, viennent des sensations ; il fallait arriver là. Toutefois, et sans doute est-il bon de le remarquer, le résultat n'apparaît jamais ainsi isolé et réduit à lui-même : il semble que l'intelligence eût besoin, pour se faire diversion et tolérer ou laisser passer en aveugle une prétention si visiblement erronée, d'avoir tout près de là d'autres faits sur lesquels, vrais ou faux, elle pût s'éparpiller et, par ce moyen, émousser la pointe de sa vue. C'est ainsi qu'on lit quelque part : « Le principal objet de cet ouvrage est de faire voir comment toutes nos connaissances et toutes nos facultés viennent des sensations. » Donc connaissances et facultés, les facultés se cachant derrière les connaissances, tout provient du sentir ; erreur étrange, inconcevable, si l'on n'avait égard à cette préoccupation de la pensée, qui, constituant pour elle une sorte d'alibi, masque cette erreur par une autre dont le caractère beaucoup moins tranché peut, regardé même en face, faire beaucoup plus aisément illusion, et qui s'explique à la rigueur et se motive quand on comprend la sensation dans son sens le plus large, puisqu'alors l'erreur n'est que la satisfaction accordée à notre tendance naturelle vers une généralisation trop précipitée. Voilà pour la citation en elle-même; et, quant à la preuve qu'elle attend, faut-il y revenir? n'espérez pas pour les facultés des raisons, des éclaircissements qui ont manqué à leurs produits : même pénurie, même silence sur les deux points.

Au terme où nous sommes parvenus, nous ne sentons plus le besoin d'insister sur la nécessité qui oblige Condillac lui-même, du moment où il accepte des facultés ou capacités et spécialement la sensibilité ou capacité sensible, de poser pour plus de rigueur en tête de sa liste psychologique, non pas un phénomène, la sensation, mais la propriété qui l'explique et le rend possible, la sensibilité. — Seulement, à propos de notre citation, et pour corroborer une assertion antérieurement émise, notons que la phrase citée ne fait mention aucune du principe actif humain qui, néanmoins et de toute évidence, n'y pouvait être omis qu'à l'unique condition de demeurer inaperçu.

Nous ne sommes pas, nous ne voudrions pas être un partisan à tout prix de l'autorité, dans le sens où l'on entend d'ordinaire ce mot; nous répugnerions à lui faire jouer le rôle exclusif, exagéré que lui prêta l'École théologique de notre siècle, que tendraient si naturellement à lui prêter toutes les théologies du monde. Faire de la philosophie une affaire d'autorité, c'est, à notre avis, se méprendre et s'abuser du tout au tout; c'est, pour le moins, traiter la philosophie théologiquement, ce qui nous semble une erreur aussi grossière que funeste. Sans doute un nom, surtout un grand nom personnellement nous en impose, mais sans nous éblouir; il nous inspire confiance à quelque degré, en attendant que vienne la certitude sur les pas de l'évidence. Nous sommes cependant bien loin de dédaigner l'autorité; elle fournit à nos investigations scientifiques de précieux renseignements; mais il faut savoir se les approprier et les subordonner aux exigences de sa raison personnelle. — Et quand nous aurons eu la bonne fortune de toucher la vérité par quelques-uns de ses innombrables points, sans doute encore nous aimerons à la retrouver chez les autres, et, avant tout, chez les personnages qui font foi, comme nous le disons. Plus aussi la vérité que nous sommes justement fiers d'avoir su atteindre nous semb'e importante, plus nous éprouvons de plaisir à voir que nous la partageons et possédons en commun avec d'autres intelligences humaines. Sous cette impression, nous céderons donc bien volontiers à l'instinct général qui nous porte à reproduire ici quelques souvenirs d'à-propos, d'après cette considération surtout qu'ils deviendront pour nos lecteurs un nouveau motif de sécurité et de certitude.

Au sujet des acceptions diverses dans lesquelles les philosophes ont usé du mot sensation, M. Adolphe Garnier, dans son *Précis d'un cours de Psychologie*, sect. II, § II, lui en reconnaît quatre qu'il détermine et définit. Nous nous sommes contenté des deux principales, qui seules nous importaient ici ; plus tard, peut-être, une occasion se présentera-t-elle de relater les deux autres. — M. Ph. Damiron, dans une notice sur M. Victor Cousin, tome deuxième de son *Essai sur l'histoire de la Philosophie en France au XIX° siècle*, dit que la sensibilité pour M. Cousin est moins la faculté qui donne des sensations que la faculté de penser au moyen des sens. Ailleurs, il distingue la sensation en affective et représentative. Or, 1° qu'est-ce dire, sinon qu'il y a deux manières, celles que nous avons indiquées, d'entendre le mot sensation ? 2° qu'est-ce que la sensation affective, si ce n'est plaisir ou douleur ? et la sensation représentative ne contient-elle pas nécessairement la pensée ? Toujours, et irrésistiblement, nous retrouvons confondus sous le même terme les deux éléments que nous avons si soigneusement distingués.

Quant à la réduction de tous les faits psychologiques à un seul, à celui que nous savons, aussi bien qu'à l'impossibilité de cette réduction, fondée en partie sur la différence essentielle qui sépare le sentiment de la connaissance, M. Charma, dans ses *Réponses aux questions de Philosophie* (pagg. 19 et 20), a écrit ces lignes: « La doctrine de Condillac a ramené, par une réduction inadmissible, l'homme tout entier à la sensation. Pour cette école, vouloir, penser, c'est encore et toujours sentir,... Nous concevons comment, en partant du langage commun et de la psychologie grossière que ce langage suppose, on arrive à cette confusion... » Et il établit, en opposant les uns aux autres les caractères respectifs de la sensation, de la pensée et de la volition, que la faculté de connaître et la faculté de vouloir se distinguent profondément de la faculté de sentir. M. Garnier, dans son *Parallèle des Ecoles philosophiques*, au moyen de deux comparaisons et d'un exemple d'application heureusement choisis, sait faire ressortir l'opinion en question, que du même coup il discrédite et ridiculise : « Condillac, qui avait tâché de réduire toutes les parties du discours à un seul élément, le substantif ou l'adjectif rentrant l'un dans l'autre, dans toutes les facultés de l'âme, n'en reconnaît qu'une seule qui se transforme comme le métal des alchimistes, et il assure que croire au lever du soleil de demain, c'est le sentir. M. Sallandrouze qui, sous un autre rapport, est trop favorable à Condillac, comme nous le verrons dans un article de la biographie universelle qu'il lui a consacré, en constatant le même fait, le juge et le condamne ; il accorde que déduire, comme l'a fait Condillac, toutes nos connaissances et toutes nos facultés du principe unique de la sensation, c'est « aller trop loin et céder à l'esprit de système. » M. Patrice-Larroque à son tour, dans ses *Éléments de Philoso-*

phie, fait allusion au même défaut : « C'est à Condillac que M. Laromiguière emprunta cette chimère de l'unité dans les facultés de l'âme, cette prétention de les faire dériver toutes d'une faculté première. » Dans un autre endroit, remontant aux sources, il ne craint pas de l'affirmer : « Un être qui ne serait doué que de la propriété de sentir, serait condamné éternellement à ne rien connaître. » M. Garnier, au début de son excellent *Précis*, poursuivant une distinction de Descartes, nous présente la même idée : « Autre chose est sentir (jouir et souffrir)... autre chose est connaître qu'on sent. »

Et à l'égard de l'obscurité que nous avons reproché à l'auteur d'avoir laissé subsister autour de son élément principal, rappellerons-nous encore, entre beaucoup d'autres qu'avec un peu de recherches nous pourrions trouver, un mot indirect du même M. Damiron, dont nous avons déjà revendiqué l'autorité (ouvrage cité, article Cabanis) : « Cabanis eut la pensée de compléter Condillac, en reconnaissant la nature et l'origine de la sensation : » preuve irrécusable que, dans l'esprit du critique, l'auteur du Traité des sensations était incomplet et n'avait pas tout dit sur son titre.

Mais la question nous semble suffisamment éclairée ; assez de témoins ont été entendus. Rentrons donc dans l'intimité de notre sujet et reprenons, sans plus de distraction, notre analyse au point où nous l'avons laissée.

Auparavant me soit permis un aveu dont je ne rougis point et que motive suffisamment mon inexpérience : si la discussion des principes (et toute la suite montrera de reste que nous appelons bien de leur vrai nom les propositions ci-dessus discutées) si, dis-je, la discussion dans laquelle nous venons d'entrer, et que nous croyons actuellement achevée ou à peu près, avait pour nous quelque chose de religieux et de solennel, elle n'était pas non plus sans quelque difficulté ; le sentiment en était même pour nous si présent et si vif, qu'il nous embarrassait et nous pesait comme un lourd fardeau. Maintenant que la route est tracée, que le travail de jalonnage, pour ainsi parler, s'en va fini, et que la critique a jugé quant au fond, nous nous sentons allégé et beaucoup plus dispos pour rattacher, sans trop de répétitions, à nos deux points culminants comme à deux fanaux, la majorité des détails secondaires qui nous restent à traverser. Continuons donc l'examen du chapitre II de la première partie du traité, lequel est de beaucoup le plus important de tout l'ouvrage, puisqu'il pose les bases du système.

Nous en sommes arrivé au phénomène du souvenir qui pour l'auteur se range immédiatement à la suite de l'attention. Nous avons vu plus haut comment, au moyen de ce vice de logique qui consiste à passer trop rapidement de la particularité à la généralité, il a fait du principe actif, au risque de confondre deux phénomènes essentiellement distincts, l'escorte continuelle et obligée de la mémoire. Soyons témoins maintenant de la manière dont il procède à la génération de ce dernier fait.

De deux sensations l'une passée, l'autre présente « plus la première a eu de force (remarquons que c'est la question de degré qui nous préoccupe bien plus que la nature même des choses qui, dans la méthode étroitement expérimentale du maître, est trop souvent sacrifiée et laissée dans l'obscurité), plus l'impression qu'elle a faite se conserve : l'expérience le prouve. » Oui ; mais ne laissons point passer le mot *impression* que nous rencontrons pour la seconde fois : il peut signifier ici en même temps l'impression organique, plus le plaisir ou la douleur d'une part, de l'autre la pensée qui parfois les suit et toujours les accompagne. Cet entassement de trois ou quatre idées sous un même terme qui les représentera toutes, est bien favorable à l'équivoque et à l'erreur: tenons-nous donc en garde. « Notre capacité de sentir se partage donc entre la sensation que nous avons eue et celle que nous avons. » Vous le voyez; l'existence est conclue des différents degrés qu'elle subit; on part dans le premier moment d'un terme complexe dont on sépare, dont on abstrait dans un deuxième moment l'élément qui importe: c'est une application de la méthode synthétique, compensant, comme elle peut, par le volume et la pluralité des faces de son objet qui plus facilement donne prise à l'œil et sait exciter l'intérêt, le vice d'une marche opposée à celle que suit l'esprit dans l'acquisition scientifique et pure de la vérité, et dans la satisfaction du besoin qu'il éprouve de sortir à son début de l'unité à laquelle plus tard il reviendra pour s'y reposer comme dans sa fin. L'unité finale, après tout, n'est pas exclusivement cette unité simple et principe, que ne devait jamais perdre de vue un partisan avoué de l'observation et de l'analyse. — Mais j'en viens à des considérations qui rentrent plus dans l'esprit de notre œuvre. Que veut-on dire quand on affirme que « notre capacité de sentir se partage entre la sensation que nous avons eue et celle que nous avons? » Si cela signifiait simplement que la somme de plaisirs et de douleurs ressentis jusqu'à un moment donné, se distribue en douleurs et plaisirs que nous avons éprouvés, douleurs et plaisirs que nous éprouvons, sans que jamais ceux de ces phénomènes qui sont passés puissent être présents *sub eodem respectu*, identiquement, et non pas seulement à titre de prolongation ou de renouvellement d'existence, tout aussi véritablement en un mot, que ceux qui sont présents ne sont pas, ne peuvent être passés, alors sans doute nous serions dans le vrai et l'idée serait raisonnable bien que fort commune. Mais malheureusement telle n'a pas pu être l'interprétation de Condillac. Comment l'eût-elle conduit à la conséquence qu'il en tire? «... Le sentiment (qui n'est à coup sûr pour Condillac que l'équivalent de la sensation) prend le nom de sensation, lorsque l'impression (dans quel sens?) se fait actuellement... et il prend celui de mémoire, lorsque cette sensation qui ne se fait pas actuellement, s'offre à nous comme une sensation qui s'est faite. » Elle s'offre à nous et nous l'apercevons : il y a perception, connaissance, phénomène intellectuel enfin, autant que phénomène purement sensible, sujet à côté d'objet, sensation représentative tout aussi bien que sensation affective, la première pour le moins au même titre que la seconde ; qui en doute? C'est dire assez que le mot sensation devait être compris ici nécessairement dans celle de ses deux acceptions que nous avions jugée la plus compréhensive. — Mais si le principe intellectuel y trouve nécessairement place, en est-il de même du principe affectif? Non, certainement non ; car sans contredit il existe une classe très-nombreuse de souvenirs qui n'apportent avec eux ni plaisir ni douleur. C'est encore là, comme tout à l'heure, une question de cette expérience à la juridiction de laquelle nous aimons à en appeler, et qui, dans de certaines limites, se pose comme un tribunal suprême et prononce en dernier ressort. Et quant aux souvenirs mêmes qui réveillent en nous de pareils phénomènes et y font vibrer la corde sensible, ce n'est pas à titre de souvenirs qu'ils possèdent cette vertu ; ils ne la doivent qu'à l'attirail hétérogène et accidentel qu'ils traînent avec eux : la pensée rappelée, comme pensée, pas plus que la pensée perçue ou conçue, n'est douleur, n'est plaisir. Est-il besoin de s'arrêter sur ce point?... De la sensation vous avez déduit indûment la pensée en général ; vous vous bornez présentement à reproduire la même déduction que vous appliquez seulement à un détail implicitement contenu dans votre première assertion : il n'y a rien là de nouveau, aucun ennemi à combattre, point d'assaut à livrer. Votre principe a été mal choisi, il est faux ; souffrons que les conclusions que vous en tirerez soient fausses aussi pour être conséquentes : cela doit être. L'état actuel de la science psychologique qui, d'un accord commun, rattache la mémoire et le souvenir au tronc s connaissances, suffirait pour nous dispenser de tout détail : la lumière s'est faite. — Ainsi sous aucun rapport nous ne pourrions conclure pour notre part que : « la mémoire n'est donc qu'une sensation transformée ; » en fait, ce n'était que le prolongement de la pensée continu ou interrompu, suivant qu'on voudra l'entendre. La différence des résultats est la suite de la différence de principe, pour le redire en un mot. Nous ne faisons non plus qu'indiquer, pour n'y plus revenir, l'oubli qu'ici commet Condillac, lorsqu'après avoir confondu, autant qu'il était en lui, la mémoire avec le souvenir, il ne songe pas à la nécessité, pour ce nouveau produit de l'esprit, d'avoir sa cause ou capacité parallèle. Mais ce grief lui-même n'est qu'une redite, un cas particulier d'une généralité plus haut formulée : nous n'insistons pas, et désormais nous éviterons d'en parler.

De la mémoire ou souvenir on nous conduit, on nous promène 1° sur la comparaison que l'on regarde comme l'attention donnée simultanément à deux idées : le plus souvent c'est deux objets, deux faits qu'il faudrait dire pour être plus exact ; 2° sur le jugement, perception (mot nouveau et peu usité dans l'ouvrage : n'aurait-on osé dire sensation ?) perception d'un rapport entre deux idées (ou deux objets); 3° sur l'imagination qui n'est que la mémoire rapportant comme présentes les choses passées (définition erronée); toutes opérations qui par l'usage et l'exercice tournent en habitude; 4° sur la liaison des idées, « espèce de chaîne dont un chaînon étant connu amène l'autre » et qui dans un autre ouvrage fournissait à Condillac « la solution de la plupart des phénomènes intellectuels; » 5° sur la reconnaissance que nous ne pouvons distinguer de la mémoire; 6° sur le discernement, phénomène assez mal expliqué en soi et surtout dans le rôle qu'il est appelé à jouer au sein des faits intellectuels; 7° sur l'étonnement, nouvelle faculté de l'esprit, qui aurait lieu de s'exercer sans doute, si elle pouvait juger de l'étrangeté de sa place dans cette catégorie, et que nous avons à dessein nommée la dernière, désirant, mais bien en vain, introduire quelque ordre dans cette énumération de faits dont quelques-uns restent si ternes, si peu saillants pour l'auteur lui-même, que dans plusieurs résumés qu'il en fait, il en oublie et ne cite pas les mêmes, ni ne se soucie d'en présenter le même nombre: par exemple, dans cet endroit l'on omet le raisonnement que l'on indique ailleurs.—Ce chapitre, surtout dans ses commencements, semblait destiné, comme il l'est réellement, à nous donner une théorie de l'intelligence : ce qui n'empêche pas qu'on n'y traite (comme par compensation pour les lacunes nombreuses qu'on y laisse), sans compter l'étonnement, des deux espèces de plaisirs ou de peines, spirituels ou matériels suivant l'interprétation; de l'origine du besoin (l'origine, entendez-vous) que l'on aperçoit tout entier dans la mémoire d'une situation meilleure, et qui, par la douleur que cause sa non-satisfaction, provoque l'attention et par elle toutes les puissances de l'âme (on ne voit point cette aptitude par suite de laquelle telle situation nous sera bonne, telle mauvaise, telle meilleure et telle pire, et que l'intelligence qui ne la crée pas, se borne à certifier : c'est une application spéciale du deuxième défaut fondamental du système); de l'ennui enfin qui est bien le tourment de l'indifférence, ou d'un état que l'on s'imagine être relativement moins heureux.

Là finit, sauf d'assez nombreux détails, bien diffus et sans enchaînement, lesquels s'appliquent spécialement et uniquement à la statue dotée quant à présent du seul organe de l'odorat, et qui ne nous intéressaient en aucune façon, là finit le deuxième chapitre qui, d'après son titre, semblerait devoir terminer avec lui tout ce qu'il y a à dire sur « les opérations de l'entendement dans un homme borné au sens de l'odorat. » Mais non : un nouveau chapitre traitera des idées « des idées d'un homme borné au sens de l'odorat, » sans qu'on nous dise quelle différence existe entre l'objet de ce nouveau chapitre et celui du deuxième que nous venons d'analyser. On ne s'en tient pas même à cette distraction ou séparation non justifiée et à coup-sûr peu justifiable entre ces deux parties d'un même tout; on intercale, toujours sans dire pourquoi, un terme... et quel est-il ? ce sera le troisième chapitre qui portera sur les désirs, passions, etc. Il pouvait être bon de faire voir comment, malgré sa réputation de clarté, toute de détails, que nous aimons à reconnaître dans de certaines limites, le disciple réputé de Locke est souvent décousu, sans ordre ni méthode avouée ou même secrète : à cette considération, ces détails pourront trouver grâce devant le lecteur. — Débarrassé de cette préoccupation, nous en marcherons plus vite à la clôture de notre paragraphe.

Le chapitre III s'intitule donc : « Des désirs, des passions, de l'amour, de la haine, de l'espérance, de la crainte et de la volonté, » toujours dans l'homme borné au premier des sens mis en jeu. — Le désir... n'est que l'action, la tendance des facultés vers l'objet qui doit les satisfaire. — Cette définition reste vague tant qu'on n'a pas dit au juste ce que sont ces facultés, et on ne le dit pas; de plus et surtout on confond de réchef l'acte ou produit avec l'impressionnabilité ou capacité de l'esprit, qui seul le donne et rend possible : l'esprit, le côté subjectif, comme tout-à-l'heure à propos de l'explication du besoin et auparavant à l'article de nos facultés en général, aussi bien que dans plusieurs autres endroits, est oublié; le côté objectif, la manifestation ou production de la puissance, est seule relevée. — Le désir a deux degrés, malaise ou tourment. — Une passion est un désir dominant : suppose-t-elle la liberté humaine intacte ou lésée? Nous n'en savons rien; le mot liberté n'a pas encore paru. — L'amour et la haine, conséquences nécessaires de la jouissance et de la souffrance, ne sont que la situation de la puissance de comprendre (assertion déjà convaincue de faux, tout phénomène affectif se distinguant pour le sujet qui le contient, de l'intelligence qu'il suppose toutefois) à l'égard d'un être qui blesse ou chatouille notre capacité de sentir. Même observation sur le côté subjectif que précédemment aux mots désir, besoin, et que nous ne répéterons plus pour les mots suivants. L'amour et la haine ont aussi des degrés : goût, penchant, inclination; éloignement, répugnance, dégoût. — L'espérance et la crainte naissent à leur tour, 1° de l'amour d'une sensation qui plaît ou de la haine d'une sensation qui déplaît; 2° de l'idée qu'on en peut jouir ou souffrir. — Enfin la volonté est tout simplement un désir, un désir absolu, tel que nous pensons le pouvoir réaliser. Et remarquons que notre confiance augmente en proportion 1° de la fréquence de cette réalisation (ce qui est vrai), et 2° du besoin que nous ressentons de cette réalisation (ce qui peut surprendre, quoique également vrai). — Or, si la volonté est un désir, le désir étant un fait qui se passe en nous, mais sans nous (au moins dans la signification vulgaire du mot), qui ne sort pas de nous, n'est pas notre ouvrage et ne nous est point imputable, à l'égard duquel nous sommes passifs enfin ; la volonté aurait les mêmes caractères et la liberté serait anéantie. C'est ce qu'a bien compris M. Cousin, qui pour cette raison reconnaît dans la volonté un élément primitif, actif et non plus naturel, mais vraiment humain. Que lui oppose M. Pierre Leroux dans son encyclopédie moderne, ouvrage remarquable d'ailleurs, et dans un article trop vague et trop peu nettement dessiné qu'il y consacre à l'exposé général du système de Condillac ? « 1° On ne sait pas assez ce que c'est qu'activité et passivité pour pouvoir assurer que l'une ne sort pas de l'autre ; 2° la volonté n'est pas un fait primitif, parce qu'elle a sa cause déterminante. » Sans nous arrêter longuement à réfuter ces assertions, contentons-nous de noter qu'elles ont cela de commun d'être toutes les deux, comme il est facile de le voir, comme il le serait de le montrer, fausses dans leurs principes et par suite dans leurs conséquences. Notre auteur, d'accord en cela avec un parti nombreux qui par ignorance et passion s'est conservé et se maintient même de nos jours, ne connaît pas, dans sa racine et sa source du moins, la volonté humaine ou la liberté : nous ne craindrons pas de revenir sur cet élément, pour peu que le Traité nous en fournisse l'occasion.

Nous passons au chapitre IV, qui, suivant que nous l'avons annoncé, parle des idées « des idées d'un homme borné au sens de l'odorat. » Sans songer à nous apprendre ce qu'il entend par idées, sans nous faire connaître à-propos de position de ce chapitre, Condillac explique brièvement, dans leur *origine*,—les idées de contentement et de mécontentement qui sont des souvenirs de sensations ;—

les idées générales s'appliquant à une communauté de sensations ; — les idées abstraites, au contraire, ne s'appliquant à aucune sensation propre et en étant facilement séparées (par qui ? comment ?); — les idées de nombre que la statue doit à la mémoire de ses sensations, et qui, sans l'emploi des signes, peuvent s'élever jusqu'au nombre trois ; les idées ou mieux les vérités particulières ou générales;—les idées du possible et peut-être même de l'impossible ; — celles enfin de la durée passée, de la durée à venir, de la durée indéfinie qu'elle prend pour l'infini faute d'en saisir les limites : (mais attribue-t-elle au temps qu'elle conçoit ainsi un commencement et une fin?... Oui? Il est trop visible alors que ce n'est pas là notre idée de durée illimitée, ou d'éternité ; non ? Eh bien, expliquez-nous ; comment la perception sensible, la sensation, comme vous dites, a pu nous la fournir : vous n'avez pas encore dit le premier mot sur cette question difficile.... Il ne le dira pas).—L'idée de durée n'est point absolue, mais relative à notre manière de voir, ainsi que tend à le prouver l'hypothèse de l'existence de deux mondes, l'un très-petit, l'autre très-grand relativement au nôtre : dans celui-ci, le mouvement de la pensée est activé ; il est retardé dans celui-là : ainsi de la durée.—Condillac ne distingue pas ce qu'on a appelé le temps absolu, donnée rationnelle, du temps relatif, donnée des sens ; il anéantit le premier pour ne laisser subsister que le second. —En somme, 1° tentative irréalisable pour réduire et ramener les notions du monde rationnel aux notions sensibles en défigurant les premières ; 2° mélange et intercalation illogique des unes et des autres ; 3° oubli total du sujet ou de la cause : rien de neuf.

Ce que nous appellerons l'homme phénoménal se trouve actuellement épuisé dans tout ce qui regarde sa vie véritable, sa vie éveillée. Le chapitre v glisse rapidement sur la vie de sommeil et les songes. L'état du sommeil est celui où, la sensation n'étant pas, la mémoire et l'imagination persévèrent plus ou moins ; si ces deux dernières facultés se taisent, c'est le cas du sommeil profond. Le sommeil diffère de la veille 1° en ce que les idées y suivent un ordre particulier (et l'on comprend pourquoi d'après l'explication précédente) ; 2° en ce que plusieurs d'entre elles ne semblent pas pouvoir s'y reproduire : ce sont celles qui laissent la sensibilité froide, indifférente : (c'est dire qu'elles ne l'atteignent pas, puisque l'indifférence, nous a-t-on dit, ne se trouve pas dans la sensation ; mais comment de pareilles idées ont-elles donc pu en sortir ? — Nouvel argument à joindre à ceux que nous avons donnés plus haut ; résultat d'un malencontreux oubli, d'une inconséquence ou contradiction qui ne va pas à moins qu'à saper dans sa base même et à dissoudre le travail trop hâté du philosophe de Grenoble) ; 3° en ce que les idées pénibles sont rappelées indifféremment comme les idées agréables. — Une partie de ces vues si exactes et raisonnables, sinon profondes, et leur plus grand tort est de reposer sur de fausses prémisses avec lesquelles on ne les voit pas toujours s'accorder.

Le chapitre vi est très-court, mais très-important : il est destiné à faire avancer d'un pas la question de l'âme humaine.—La statue qui connaît son existence actuelle par la sensation et par le souvenir son existence passée, sait aussi qu'elle persévère : et voilà son moi ou sa personnalité. Elle n'eût pas pu dire moi au premier moment de son existence ; car, pour faire un retour sur soi-même, elle a besoin de changement, de sensation et de souvenir. Son moi est tout à la fois la conscience (sensation) de ce qu'elle est, et le souvenir (aussi sensation) de ce qu'elle a été ; c'est la collection des sensations qu'elle éprouve et de celles que la mémoire lui rappelle.— Assurément c'est là une assertion grave sur une grave question, et ce n'est pas sans motif que nous nous étonnons de voir ainsi résumé et presque égalé en quelques lignes tout ce que l'auteur a cru devoir en dire, sauf quelques mots indirects et amenés par l'occasion. Si le résultat, vu son importance, ne nous a pas l'air suffisamment préparé, il n'en est pas moins très-clair dans l'esprit du philosophe : l'âme, c'est de la sensation, c'est une collection de sensations : or, sans prétendre, comme on a paru le faire, qu'une collection n'est rien, ce qui nous semble par trop nominaliste, il est bien certain que ce ne peut être qu'une totalité; ce n'est point l'unité vraie, sincère, profonde qu'exige et trahit le moi, le sujet spirituel qui, dans l'hypothèse proposée, se trouve méconnu, nié, détruit ; le matérialisme phénoménal et potentiel devait produire et il a produit le matérialisme substantiel : dans l'esprit, pas de phénomène autre que la sensation; pas de facultés, la sensation vient du dehors; pas de sujet par conséquent. Que serait ce sujet vide, qui n'aurait à soutenir ni une faculté, ni même un seul phénomène qui fût sa propriété ? — L'œuvre commencée en est arrivée à se compléter et à se parfaire.

Qu'en présence d'une scène pareille et des assertions si nettes quoique si peu étendues de l'auteur, on en soit venu à nier cette tendance qui prenait ainsi corps et figure et se donnait en définitive pour ce qu'elle est, c'est là une distraction trop forte que l'on a quelque peine à comprendre dans M. Sallandrouze, et qui ne se motive que par cette précipitation de jugement contre laquelle l'esprit de l'homme a tant de mal à se garder toujours.

Bien mieux inspiré et bien plus vrai se montre M. Jouffroy, quand, acceptant cette tendance dans toute sa portée, il sait la concilier avec certaines expressions détachées et sans lien qui se rencontrent çà et là dans le corps de l'ouvrage ; il s'exprime à peu près ainsi : Condillac, pas plus que Locke, n'a vu où aboutissait son système ; il ne nourrissait point de mauvais dessein contre l'âme, qu'il appelle tantôt un sujet distinct, un esprit (ce terme figure entre autres dans le résumé de l'avant-propos de l'Extrait), un esprit qui éprouve des sensations — nous dit-il, quand il oublie son principe — que le plus souvent, quand il y est fidèle, il nous donne (nous en avons vu naguères un exemple) comme la collection des sensations actuellement éprouvées. Condillac n'est point matérialiste en homme qui se sait tel, connaît la position et s'y tient, « et cependant sa philosophie est le matérialisme même. » Au reste, si par crainte, prévoyance ou faiblesse de vue, le maître n'a pas tout dit, tout commenté et développé, il se trouvera bien quelque disciple plus vigoureux ou plus hardi qui, reprenant résolument en sous-œuvre une ébauche poussée déjà si loin, voudra en finir : vous pressentez Lamettrie et Cabanis, Saint-Lambert, d'Holbach et leurs nombreux partisans.

Le chapitre suivant, le vii⁰, n'est que la conclusion des précédents. On n'y voit rien à remarquer que ce peu de mots : « On peut appliquer aux autres sens tout ce qui vient d'être dit de l'odorat. » — Les cinq derniers chapitres, très-concis comme ceux que nous venons de parcourir, introduisent successivement, isolés d'abord, puis réunis, les trois autres sens qui, avec l'odorat, sont supposés incapables de nous donner connaissance des objets extérieurs : l'ouïe, le goût et la vue. — De ces cinq chapitres, le premier qui roule principalement sur des différences de sons et d'oreilles plus ou moins heureusement organisées, mériterait une place en acoustique ou dans nos théories musicales, si d'ailleurs ce qu'il dit était plus important. — Dans le second, on affirme que la statue, avec les deux sens de l'odorat et de l'ouïe réunis, paraîtra à elle-même avoir acquis une existence double, aura une mémoire plus étendue et plus d'idées abstraites : ce qui est assez clair. — Le troisième, par l'addition du goût, étend encore la chaîne des idées.—Le quatrième, qui nous entretient de l'œil isolé, voit dans cet organe, et ne pouvait manquer d'y voir une nouvelle porte ouverte à la connaissance.—Il n'y a que l'œil parmi les quatre sens passés en revue jusqu'ici qui fournisse la notion d'étendue, mais d'étendue purement subjective et qui ne sort pas du moi : c'est faussement qu'on lui accorde la perception des objets extérieurs, des situations et des mouvements. A l'occasion du toucher, nous aurons lieu de relever cette opinion.

Le cinquième de ces chapitres, enfin, qui est le xiie dans l'ouvrage et le dernier du premier livre, après avoir renouvelé l'assurance de cette impossibilité que devrait éprouver la statue à sortir d'elle-même, ajoute cette phrase remarquable qui est une nouvelle preuve de la résolution arrêtée et tranchante suivant laquelle Condillac sait parfois sacrifier son bon sens à son système, et en outre d'une vérité que nous faisions valoir il n'y a pas longtemps : « Si supposant que la statue est continuement la même couleur, nous faisions succéder en elle les saveurs, les odeurs et les sons, elle se regarderait comme une couleur qui est successivement odoriférante, savoureuse et sonore. » La couleur alors serait son moi, et de même l'odeur, la saveur, le son dans les hypothèses favorables... Mais 1°, et pour couper court, c'est subjectiver autant d'objets, n'est-ce pas évident? 2° c'est substantialiser des qualités auxquelles on ne demande pour cela que de durer et de persévérer... Et faut-il donc revenir sur cette erreur qu'il est si fort important de bien comprendre? elle devenait inévitable pour Condillac, objectivement parlant, nous l'avons vu ; subjectivement, elle ne l'est pas moins. Vous méconnaissez la raison et la conscience ; des trois perceptions dont notre intelligence est munie, vous n'en admettez qu'une, les sens, qui deviennent votre seul *criterium*. Mais dès lors, que doit-il arriver ? ne vous fiant qu'aux dépositions sensibles, voyant tout par elles, ou bien l'objet de vos études ne dépassera pas leur enceinte, et ce sera normal ; ou bien il en sortira par sa nature, et forcément vous le violenterez pour le faire passer sous le niveau d'une juridiction étrangère, illégale : les sens alors, comme s'ils avaient voix, revêtiront le fait de leurs couleurs, ce qui sera le masquer. Voilà ponctuellement quel a été le sort de la substance spirituelle, ramenée à une qualité sensible. — Il n'en pouvait être autrement, le principe une fois accueilli ; car, que donnent les sens ? tout justement des qualités sensibles. Et après ? rien. A qui partait de là, il était impossible de comprendre aucune substance, ni partant le sujet humain, l'esprit.

Là se clôt le premier livre du Traité et notre deuxième partie.

SECTION III.

Conclusion.

Analyse et critique des trois derniers livres du Traité et de la fin de l'Extrait. — Nouvelles conséquences et détails.

Nous entrons dans le deuxième livre du Traité des sensations et en même temps dans l'étude du sens privilégié, du toucher, « qui seul peut juger des objets extérieurs. » — Chap. i. Avec le toucher, la statue réduite au moindre degré de sentiment possible, éprouve : 1° le sentiment du mouvement des parties de son corps et de leur action réciproque ; 2° et, avant tout le reste, le sentiment de la respiration : ici le moi serait le toucher supposé continu. — Chap. II. Ainsi rétréci, le sentiment du tact ne donne pas l'idée d'étendue; il aurait même beau devenir plus vif, qu'il ne la donnerait pas encore ; au lieu de rester identique et monotone, il pourrait être modifié, varié (comme si je frappe la statue successivement, à intervalles égaux, à la tête et aux pieds, ou si j'agite uniformément son bras), et cependant ne rien faire connaître à l'extérieur. — Chap. III. Les sensations de froid et de chaud ne lui donneront pas davantage l'idée d'étendue. — Chap. IV. Les corps étant conçus comme « des continus formés par la contiguïté d'autres continus, » il faut que la sensation qui représente un corps soit un continu formé par la contiguïté d'autres continus... « alors la statue transportera la sensation de l'âme dans le corps. » — Une pareille sensation n'est pas plus admissible, pas plus intelligible qu'une sensation *étendue* que nous eussions pu remarquer plus haut. En fait de sensation, faut-il le dire à notre tour, il n'y a ni longueur, ni largeur, ni dimension d'aucune sorte, ce qui est d'ailleurs si évident ; c'est au corps seul qu'il faut rapporter ces propriétés qui lui appartiennent bien réellement. De même il n'y a pas de sensation qui soit un continu formé par la contiguïté d'autres continus. Cherchez seulement à comprendre une sensation, notez le mot, une sensation pareille, autant qu'il sera bien entendu qu'elle est un attribut du sujet intelligent : nous osons vous le prédire, vous n'y parviendrez jamais ; vous aurez défini un corps si vous le voulez, mais point une sensation, point un esprit, ni rien qui s'y rattache. Veuillez en croire cette protestation spontanée du sourire, qui accueille votre définition partout où elle se présente pour la première fois... ou plutôt observez, car c'est tout dire, et n'imaginez plus.

Si le principe est inadmissible en soi, a-t-il du moins le mérite spécieux d'expliquer ce qui est. « La statue, avez-vous dit, transportera la sensation de l'âme dans le corps ». Ainsi c'est bien toujours son âme qu'elle voit ou plutôt les modifications de cette âme : elle n'a pas vue sur d'autres existences, sur des phénomènes qui lui soient étrangers : rien ne la touche, rien ne l'impressionne au-delà de ses propres limites, et vous accordez partout qu'elle n'est pas le corps lui-même : le corps pour elle reste donc inaperçu ; comment se pourra faire le transport dont vous parlez....? — L'âme sous ce point de vue n'est-elle pas semblable au corps.....? — Nous nous sommes expliqué sur cette similitude ; nous pouvons donc l'admettre maintenant : un phénomène spirituel ressemble à la substance matérielle, soit. Mais, de grâce, voir un être, est-ce voir un second être semblable à un premier? voir un être, est-ce en voir deux? La ressemblance entre le sujet et l'objet ne suppléera point (qui ne le comprend?) au défaut de ma perception assez disgraciée pour ne voir qu'un des termes. Ils ont chacun leur vie, leur être à part, distinct, indépendant ; je ne découvrirai pas l'un dans l'autre, car nul n'est dans l'autre. — Partant la conséquence se montre vicieuse comme le principe.

Et pourquoi cette double hypothèse?—Jusqu'ici, ne l'oubliez pas, et avec quatre de ses sens, la statue n'a vue que sur elle : un seul sens reste à ouvrir cependant ; et il vous faudra bien enfin, un peu plus tôt, un peu plus tard, nous la montrer prenant possession de la perception extérieure. Pourquoi même avoir tant tardé?... La réponse serait faite et l'excuse valable, si l'on parvenait à nous présenter cette perception comme la conséquence légitime et rigoureuse de l'octroi préalable du cinquième sens, du toucher: c'est ce qu'on a tenté de faire ; a-t-on réussi ? Pour quiconque aura bien voulu nous suivre, la réponse, nous l'espérons, ne sera pas douteuse. Je passe au chapitre suivant.

C'est le cinquième : continuant le précédent, il a la prétention de faire découvrir son corps à l'homme borné au toucher et de lui apprendre qu'il y a quelque chose hors de lui.

Or ce n'était pas un contact quelconque qui lui pouvait fournir cette notion importante ; il lui fallait encore mobilité, flexibilité dans l'organe qui touche, la main surtout... Ces conditions matérielles qui d'abord aux yeux de l'auteur avaient paru suffisantes, dans l'intervalle d'une deuxième édition lui apparaissent tout autres ; et alors, confessant sa faiblesse de vue d'autrefois et son erreur, qui lui était commune avec tant de critiques, il ajoute cette nouvelle condition bien remarquable : qu'en outre faut-il « que, parmi les sensations que *la main éprouve*, il y en ait une qui représente les corps, » et non plus seulement des manières d'être de nous-mêmes. — Entendrait-il encore ici la sensation dans le même sens exceptionnel qu'il lui reconnaît au chapitre IV : il succomberait sous les mêmes raisons. Ou bien, malgré quelques mots empruntés au dictionnaire matérialiste et motivés par un fréquent usage, consentirait-il à retrouver dans la sensation un fait véritable de l'esprit ? Alors voyez quelle série de conséquences entraîne cette interprétation, conséquences qui pour n'avoir pas été entrevues ou du moins exprimées par Condillac, n'en sont pas moins très-naturelles, très-raisonnables. Vous êtes forcé d'admettre qu'une certaine sensation a par elle-même la propriété de nous donner l'idée de quelque chose d'extérieur ; et pourquoi d'autres sensations provenant soit du même sens, soit des autres, n'auraient-elles pas cette propriété ? Sans doute, la vue ni l'ouïe ne nous donneront pas la résistance, l'étendue tactile; mais la vue nous donnera l'étendue colorée, l'ouïe le son, et ainsi des autres sens : pourquoi voulez-vous que toutes ces réalités qui, dans l'état actuel et normal nous apparaissent au dehors, primitivement se soient produites au dedans? qu'étrangères à la personnalité d'apparence comme de fait, elles aient commencé par se montrer personnelles et subjectives? Pourquoi ce cercle si étroit tracé autour de la perception naissante? Comprend-on même l'apparition et le dégagement du moi sans la vue contemporaine du milieu dont il se dégage, ou du non-moi?... Il y a tout à présumer que si dès sa première édition l'auteur avait fait la concession que nous indiquons, il serait ainsi tombé d'accord avec nous pour la conclusion : mais il avait à revenir de trop loin; il a dû s'effrayer, se troubler et rester à mi-route. — On a pu remarquer ce qu'il y a de vraiment curieux dans la marche de Condillac qui, contrairement à ses habitudes de subjectiver l'objet (comme quand il fait du son, de la couleur, etc., des phénomènes psychologiques), en est venu à objectiver son sujet en traitant la sensation à la manière d'un corps. Ce double travail le conduisait nécessairement à l'unité qu'il cherche partout, puisqu'avec moitié moins de peine il l'obtenait encore : mais quelle unité bizarre que celle dont chacun des deux termes facteurs, par deux réductions successives en sens contraire, est méconnu en lui-même et assimilé à un fait étranger qui, à son tour, subit le même traitement. — Nous pourrons, l'occasion s'en présentant, signaler quelques nouveaux faits à l'appui de ce jugement. Mais décidément toutes ces vues, qui, à la faveur de l'obscurité et de l'imprécision de la pensée, se font systématiques et préventives, nous peuvent conduire à d'étranges propositions.

Chap. iv. — Avec ses quatre premiers sens l'homme n'aimait que ses manières d'être, c'est-à-dire que soi ; avec le toucher il arrive à aimer des corps étrangers au sien ; toutefois, c'est comme moyen de plaisir qu'il les aime, c'est toujours le plaisir qu'il aime au fond... Égoïsme et plaisirs physiques purs, voilà l'homme en morale, l'homme doué de ses cinq sens ou complet, ce qui est la même chose au dire du maître. Des disciples ne manqueront pas pour soutenir cette espèce de défi jeté à la face du mérite et de la dignité humaine.—Le chapitre suivant nous apprend comment aux premiers jours nous nous mettons en rapport avec les réalités qui nous intéressent... La statue se mouvait d'abord par le plaisir qu'elle y trouvait ; mais bientôt le mouvement l'a rapprochée d'objets dont la présence lui cause un sentiment de plaisir, comme celui de douce chaleur, de fraîcheur ; elle s'en aperçoit, et ce sera un motif pour qu'elle se mette en quête de nouveau. Vienne un autre objet qui la choque et lui déplaise, elle songera donc à faire son choix ; l'idée de prévoyance apparaît et la précaution n'est pas loin. — Tout cela au fond suppose une force humaine, une force libre ; mais on n'aperçoit que « le plaisir qui pousse l'homme : » le non-moi domine, et tend à remplacer le moi que l'on oublie ; le motif pour lequel opte la liberté absorbe et fait oublier cette liberté elle-même : c'est dans une certaine mesure et de rechef objectiver le sujet.

Le chapitre viii contient trois sortes d'indications. — 1° Il fait mention de la réflexion, puissance nouvelle due au toucher et qui n'est que l'observation par laquelle la statue compare en dehors d'elle les objets dans leurs rapports ; cette sorte de réflexion ne pouvait exister pour les quatre premiers sens, tout le temps au moins qu'ils ne seraient pas endoctrinés par le cinquième.—A cette occasion, remarquons une lacune parmi toutes celles que nous n'indiquerons pas, dans le système condillacien. La réflexion véritable qui n'est pas l'observation se promenant d'un objet matériel sur un autre, mais cette vue intime des modifications du moi par le moi lui-même, n'est pas aperçue une seule fois; jamais, abstraite et mise à part, elle ne se dégage de ce tout inexploré où chaque élément se confond et perd successivement son individualité.

2° Le corps est défini : la perception de grandeur, solidité, dureté, etc., que l'on juge réunies; les objets se composent de toutes les impressions qu'ils font sur l'âme. — C'est le contraire de ce que nous voyions quelques lignes plus haut; l'objet se retrouve subjectivé, et nous tombons aussitôt dans l'idéalisme, ou, si vous admettez la rectification d'un auteur déjà cité, dans l'idéisme, qui sort ainsi, que l'on s'en étonne ou non, du système de la sensation un peu pressé dans ses conséquences : voir les corps non pas en eux, mais seulement dans une modification de moi-même, ce n'est pas les voir véritablement. Je ne vois pas les corps, et qu'en puis-je donc affirmer? Cette image intermédiaire, ce prétendu représentant d'un absent, a-t-il mission pour cela? est-il fidèle à son titre? Pour m'en assurer, il me faudrait pouvoir comparer les deux termes du rapport, et par conséquent les percevoir; mais je n'en perçois qu'un : que puis-je donc dire de l'autre, sinon que je n'en sais rien; et qu'il n'existe pas, au moins pour moi? On pourrait même aller plus loin et prétendre que non-seulement l'objet n'existe pas, mais qui plus est, que nous n'en avons aucune idée même à titre d'illusion : car cette vue illusoire, d'où nous viendrait-elle? Serait-ce de la perception de l'image? Que l'image figure pour ce qu'elle est, se fasse voir et reconnaître pour ce qu'elle est, si elle est visible en effet; cela se concevra; mais ce ne sera pas à titre d'image qu'elle sera saisie; elle est apte à se représenter elle-même, rien de plus. Ne comprend-on pas que tout représentant tire sa vertu représentative d'une convention préalable qui suppose toujours le représenté connu et admis? Nous ne pouvons donc avoir l'idée d'aucun objet même fictif. Nous avons sans répugnance mis à profit l'occasion qui se présentait de revenir sur cette grave question. — On peut voir dès-lors comment l'idéalisme ou idéisme est non pas proprement le frère, mais plutôt le fils du matérialisme; et à ce titre du moins, Condillac se rattache à Berkeley.

3° L'auteur revient sur ces idées secondaires ou rationnelles qu'il a précédemment esquissées, mais comme simples données de l'odorat; il les présente maintenant à titre de données du tact, et, par le catalogue nouveau qu'il en fait et le rappel de leur origine et de leur nature, il tâche de compléter sa première liste.—Avec le toucher la statue se fait des idées abstraites, mais naturellement: « leur génération n'est pas assez difficile à comprendre pour supposer que nous ne puissions les tenir que de l'auteur de la nature. » Quoiqu'il en soit, la statue ne s'élève pas aux idées abstraites d'être et de substance, « fantômes qui ne sont palpables qu'au tact des philosophes: pour elle chaque corps est une collection de plusieurs qualités réunies (pardon! c'était naguère un ensemble de perceptions), mais il n'y a pas besoin de lien, de soutien, de substratum; les philosophes à ce sujet n'en savent pas plus qu'elle. » — Nous avons vu comment le système trop étroit ne comprenait pas dans sa capacité la substance individuelle de l'esprit : il ne pouvait par conséquent admettre aucune substance, puisque dans leur génération intellectuelle, je veux dire dans l'ordre de leur acquisition, toutes sortent de la première par le moyen du procédé inductif, la substance corporelle d'abord, puis la substance divine : pourquoi nier l'une et admettre l'autre, au moins implicitement? — La statue connaît la durée non par le mouvement, mais par la succession de ses idées : emprunt assez malencontreux fait à Locke, et qui pourrait avoir pour inconvénient de paraître confondre l'idée avec l'unité de temps, comme on l'avait auparavant confondue avec le mouvement, tandis qu'il est constant que, pour que l'idée figure comme unité de temps, il faut antérieurement l'avoir appréciée dans sa durée ; ce qui donne à conclure que la durée s'apprécie et s'aperçoit directement, quoique peut-être à l'occasion d'un fait étranger tel que l'idée. — La statue saisit l'étendue ou l'espace borné, par suite d'une double sensation produite par deux corps qui se touchent et s'excluent. — Cette notion expérimentale n'a pas ici sa place qu'elle n'y peut trouver qu'à titre de préambule de la notion suivante, celle d'immensité. — L'immensité se perçoit par le passage (qui effectue ce passage et comment l'effectue-t-on ; quelle puissance cela suppose-t-il ?) par le passage de l'espace saisi à des espaces non-saisis qu'elle peut multiplier à sa fantaisie ; l'éternité, également par un passage, celui de la sensation actuelle à des sensations rappelées et prévues. — Bien entendu que ces notions d'éternité et d'immensité ne sont que des illusions d'imagination (Locke) : « Dans le vrai on n'a l'idée ni de l'éternité, ni de l'immensité, mais d'une durée et d'un espace vagues dont on ne peut fixer les bornes. » — L'impossibilité d'expliquer ces notions par l'expérience pousse à les annihiler : mais ne s'aperçoit-on pas une seconde fois que ce serait anéantir Dieu, à qui on enlève successivement le fond de son être et ses attributs? Conséquent et rigoureux, Condillac eût été athée. Il ne manquait plus au système que nous explorons, après nous avoir conduits pas à pas au matérialisme et à l'immoralité, à l'idéalisme et par conséquent au scepticisme, de nous faire échouer dans l'athéisme.

Le chap. ix, procédant par anticipation, assimile l'œil armé pour ainsi dire des rayons visuels, à la main armée aussi, mais armée de deux bâtons croisés qui rappellent le croisement des rayons à travers le cristallin, rapprochement qui était en vogue alors ; on ne manque pas d'insister sur la nécessité pour la main, lorsqu'elle veut juger de la distance d'un objet, de toucher dans toute sa longueur le bâton qui l'en sépare. — Les deux chapitres suivants traitent de la vie de sommeil et de songe. Chap. x. La curiosité et le plaisir du mouvement cèdent au besoin du repos, et vient le sommeil. A la vie éveillée survit quelque temps la mémoire dont l'impression s'efface à son tour et qui s'endort comme les autres facultés ; puis, le besoin satisfait, le réveil apparaît, et de nouveau recommencent le plaisir du mouvement et la curiosité. — Chap. xi. Par l'imagination et pendant les songes qui supposent un état intermédiaire entre la veille et le sommeil profond, reviennent à la statue des idées de corps et des sensations qui s'y rapportent ; mais la suppression des intermédiaires rompt à chaque pas l'enchaînement entre les idées qui, par ce moyen, deviennent confuses et désordonnées. Les idées qui s'effacent sont celles qui ont fait moins d'impression, ou se sont manifestées antérieurement à un sommeil profond, parfois précurseur de la veille, et durant lequel elles s'évanouissent. Au réveil, comprenant tout ce qu'il y a de contradictoire dans ce qu'elle vient d'éprouver avec ce qu'elle éprouve ordinairement et pendant sa vie éveillée, elle s'en inquiète et se défie. — Le chap. xii et dernier de la seconde partie, se propose de faire ressortir la merveilleuse conformation de la main pour l'usage auquel elle est destinée. Il faut, en effet, de la mobilité et de la flexibilité dans les organes pour acquérir des idées par le tact; la main a tout ce qu'il faut sous ce rapport (d'Holbach), elle est parfaite. Augmentez ces qualités qui lui sont données dans une si sage mesure, et vous tombez dans l'excès à la suite de Buffon (que Condillac en différentes occasions ne ménage pas) et qui ne voit point que vingt doigts à une main en feraient un appareil beaucoup trop compliqué, surtout pour un sens dont les dépositions, servant de point de départ à celles des autres, doivent présenter une extrême simplicité. — Là s'arrête cette seconde partie, d'où nous passons immédiatement au troisième livre.

Il a pour objet de montrer, nous l'avons dit, comment le toucher apprend aux autres sens à juger des faits extérieurs. Mais pour nous qui n'avons pas, tant s'en faut, de raisons suffisantes pour nous prononcer affirmativement sur le fond, nous ne pouvons être que bien faiblement intéressé par la question du *quomodo*. Nous traverserons donc rapidement ces détails qui, ne contenant que peu de nouveau et point de preuves, n'exigent guère de commentaire.

Au chap. I, grâce à l'assistance que le toucher prête à l'odorat, et à l'occasion d'une fleur, par exemple, que sa main a cueillie sans dessein et dont elle est affectée, la statue commence à soupçonner que les odeurs lui viennent des corps, sont des qualités des corps.—Au chap. II, même remarque sur le son dont, par habitude et à l'oreille, elle parvient à saisir les distances et les directions. Mais ces situations et ces distances, ainsi que la figure et la grandeur des objets externes, l'œil les saisit-il sans le secours du tact? la masse des hommes le pense, et c'est cette opinion du vulgaire que de nouveau l'auteur va battre en brèche; voici à peu près en quels termes: les yeux sont comme des mains armées de deux bâtons dont elles ne connaissent qu'un des bouts; l'autre extrémité des rayons lumineux échappe à la vue aussi bien que tout l'espace intermédiaire qu'elle est dans l'impuissance de mesurer. N'allez pas nier la parité des exemples, si vous tenez à ce que le raisonnement reste debout. — La vue ne voit point double : l'image, il est vrai, est double et en outre renversée (et c'est l'image que l'on voit, ne l'oubliez pas) ; mais le tact a fait savoir aux yeux que l'objet est unique et droit. Cette explication est-elle seulement probable ? à peu près autant, suivant nous, que celle qui affirme que, tous les objets nous paraissant renversés, c'est, en définitive, la même chose que si tous étaient droits. Les yeux ne voient d'abord qu'à la portée de la main. Si les objets qui s'éloignent paraissent diminuer sensiblement, c'est que l'angle formé par les rayons qui partent du corps observé, diminue en proportion de l'éloignement de ce corps. Cette explication est restée dans la science. Et de là des déceptions, quand, oubliant cette loi, on veut juger du volume d'un corps sans égard pour la distance. A la distance aussi la vivacité des couleurs s'efface, les angles disparaissent, etc. Nouvelles sources d'erreurs. Que dire de ces glaces ou miroirs, de ces reliefs donnés par la peinture ?.. Alors c'est au tact à faire foi : tel est le contenu du chap. III. Il est peu utile sans doute de mentionner que la philosophie actuelle en grande partie, plus exacte dans ses vues, plus sévère dans son langage, rejette ces erreurs prétendues des sens et partant leur redressement réciproque. — Au chap. IV, après avoir assuré que si l'on a de la peine à se persuader que l'œil a besoin d'apprentissage, cela tient à ce que, tous nos sens agissant ensemble, la nature ne démêle pas ce qui appartient à chacun en particulier, Condillac se laisse aller à un de ces mouvements qui trahissent le besoin de savoir, devenu plus fort un moment que celui de croire ; c'est à propos des jugements qui sont supposés se mêler à nos sensations (*sic*) : « Malebranche les attribue à Dieu, manière de raisonner fort commode...; il explique encore plus au long, dans un éclaircissement sur l'optique, comment il imagine que Dieu forme pour nous ces jugements. Locke n'était pas capable de faire de pareils systèmes. »—Le chap. v décrit l'état d'un aveugle-né qu'un chirurgien de Londres, Chezelden, aurait opéré ; les cataractes abaissées, les objets lui auraient apparu tout près de l'œil, et fort grands. — Au chapitre suivant, on indique, comme précaution à prendre pour renouveler l'épreuve, l'introduction du patient dans une cage de glace, à l'aide de laquelle on verrait comment, dès l'abord, il comprend ses rapports avec les objets extérieurs. — Au chap. vii, Condillac revient pour la troisième fois sur le phénomène de la durée, précédemment rattaché à la succession de nos idées, et que maintenant, grâce au toucher, l'on renoue aux révolutions solaires, et à la liaison des événements dus à ces révolutions.—Chap. viii. C'est encore par le changement de place du soleil dont nous devons la connaissance à la vue aidée du tact, que nous évaluons la durée de notre sommeil en particulier ; la même voie nous conduit à la distinction entre l'illusion des songes et les réalités de la vie éveillée: cette deuxième assertion pourrait-elle être vraie?—Chap. ix. Arrivée à ce terme, c'est-à-dire à la jouissance de quatre sortes de sensations, la chaîne des connaissances, des abstractions et des désirs, s'est allongée pour la statue. — Le chap. x y ajoute un dernier anneau, en introduisant le goût uni au toucher. Le goût n'a presque pas besoin d'apprentissage, il s'instruit très-facilement. La faim, la première fois, n'a pas d'objet déterminé : on ne désire pas prendre de nourriture, mais sortir d'un état de malaise ; alors on saisit indifféremment tout ce qui se présente, et, l'inquiétude se répandant plus particulièrement dans la bouche et sur les lèvres, on y porte tout ce qu'on trouve : c'est ainsi que l'on mange non par plaisir, mais pour apaiser la faim; plus tard, on tendra simultanément à l'un et à l'autre but.—Chap. xi et dernier : « La passivité que la statue avait nécessairement quand elle était bornée aux quatre premiers sens est remplacée par l'activité. » Cette explication qui a l'air de puiser l'activité humaine dans le toucher, lequel ne peut être tout au plus à son égard qu'une occasion de développement, est une erreur appuyée sur une autre erreur, et que nous n'avons plus besoin de relever.

A ce moment nous entrevoyons la fin de cette longue liste aussi physiologique pour le moins que psychologique, qui remplit plus des trois quarts de l'ouvrage, et au sujet de laquelle viennent nous assaillir quelques réflexions que nous nous efforcerons d'épancher et de traduire au dehors.

1° N'est-ce pas en grande partie à cette insistance sur la nomenclature des fonctions psychologiques des sens, qui remplit les trois premiers livres du Traité, insistance imitée de Locke, que, sur la foi de Condillac lui-même, on doit l'établissement de cette opinion devenue vulgaire, qui voit dans le philosophe français le disciple sincère, véritable, du philosophe de Wrington; c'était bien plutôt de Hobbes qu'il eût fallu le faire descendre, à titre de représentant attardé, timide et incomplet, n'ayant copié du maître que le côté métaphysique et théorique (ce qu'il a fait, du reste, à peu près purement, sauf ses velléités de scrupule intermittent inconnues au modèle, et ses fréquents retours au sens commun en dépit de son système), laissant ainsi à Cabanis le soin de nous donner une édition nouvelle et revue de la partie spécialement physiologique du même Hobbes, et semblablement pour d'autres parties encore, telles que la théologie et la politique, qui avaient trouvé ou trouveraient bien quelque jour des champions pour les exposer et les défendre. Ce n'est pas que Cabanis n'ait pu emprunter directement à Condillac son point de départ, qui lui était indiqué nettement dans plus d'un passage du Traité des sensations : « la sensation suppose, selon Condillac, mouvement des organes se communiquant au cerveau ; si le mouvement marche en sens contraire, c'est l'illusion ; enfin, s'il commence et aboutit au cerveau, il y a mémoire. » Nous savons sur quel écueil, parti du mouvement, comme de son point d'échappée, Cabanis vint atterrir et échouer. Pour en revenir à Hobbes, c'est donc avec beaucoup d'à-propos que M. Naigeon, commentateur ou plutôt abréviateur de Condillac, s'étonne de voir le silence absolu dont celui-ci enveloppe un nom auquel il se rattache, dans la pensée du critique, beaucoup plus qu'à Locke lui-même. Cette opinion a rencontré de nos jours un plein appui dans M. Jouffroy ; et cette concordance de sentiments doit faire d'autant plus d'impression que très-vraisemblablement la rencontre a été fortuite ; voici littéralement ce que dit l'auteur de la remarquable préface qui ouvre la traduction des Esquisses de philosophie morale de Dugald Stewart : « Toute la doctrine que professa un siècle plus tard Condillac, dans le Traité des sensations, se trouve ou complètement exposée, ou nettement pressentie dans la philosophie de Hobbes. » La théorie matérialiste de l'intelligence se pouvait lire déjà dans le dominicain Campanella : *Sentire est scire*. Berkeley et Hume, malgré les apparences, marchent infiniment mieux dans la voie de Locke, laquelle le conduit toutefois où il ne voulait pas aller ; ils ont su recueillir son idée-mère ; Condillac, presque toujours, s'en est tenu aux trop longs épisodes du maître, qu'il a pris pour le fait principal. Nous indiquons nos résultats, sans pouvoir les soutenir des preuves qu'ils comportent.

2° Par suite de cette préoccupation continuelle qui le tient fixé, cloué, pour ainsi dire, sur les organes, et ne lui laisse entrevoir qu'obliquement et de côté les phénomènes intérieurs, Condillac, gêné par son principe de la perception unitaire, n'a pu porter une vue dégagée, entière, parfaite enfin, sur ce for intime resté pour lui confondu et caché dans l'ombre d'une conscience qui s'ignore. Cette conscience, dont nous avons déjà dit un mot sous un autre nom, c'est à peine si instinctivement et sans se rendre compte de son acte, il l'a nommée trois ou quatre fois, comme il a fait pour les facultés; jamais il ne la distingue sciemment de la vue externe; il n'en soupçonne pas le jeu, la portée et l'usage. Aussi que s'en est-il suivi? On l'a vu : la substance spirituelle humaine qui trouve dans cette conscience, mais uniquement en elle, son éclatante et irrésistible démonstration, habituée à se fractionner et à s'étendre dans cinq sens bien distincts, bien séparés, bien visibles à l'œil, à la main, etc., et (c'est tout dire pour qui ne rentre pas en soi) perçue et placée aux lieux où elle agit et se montre vivante, plutôt que là où elle ne se laisse ni voir, ni sentir, a dû forcément partager le sort des phénomènes qu'elle supporte, s'arranger à leur point de vue, s'accommoder à leur bienséance; elle ne s'est pas posée par elle-même et pour elle-même; et si, par inconséquence, c'est encore l'esprit, le sujet distinct qui trahit l'unité, c'est en même temps et avec bien plus de rigueur, une collection, un système. Pourquoi cette substance étrange, après tout? Ne s'en passe-t-on pas bien? Les sens ne remplissent-ils plus convenablement chacun la tâche qui lui est propre et qu'il est dans sa nature de fournir? Le matérialisme phénoménal traînant ainsi à la remorque le matérialisme substantiel, Cabanis et son escorte de même livrée se pouvaient croire encore un coup, dans leurs prémisses du moins, suffisamment expliqués et amenés.

3° Et revenant à l'idée première qui nous a suggéré ces réflexions, non loin de là mais plus haut placé nous découvrons un reproche adressé à l'auteur. Indépendamment du mode d'exécution plus ou moins vicieux, et de l'excessive longueur des détails, on attaque le fond même du projet, cette idée ou conception de statue dont Condillac se montre jaloux et qu'il revendique comme sa découverte. « Ouvrir successivement les sens de cette existence imaginaire qui pour nous doit être une fidèle image de l'homme, c'est mentir à la nature qui, dans l'être humain, les anime tous à la fois ; la science qui ne cherche que la vérité ne saurait admettre cette fiction. » Nous croyons apercevoir dans ces paroles un mélange assez spécieux de vrai et de faux, qu'il serait important de démêler. M. Sallandrouze, qui rappelle l'objection, répond qu'il n'y avait pas d'autre moyen d'attribuer avec justesse à chaque sens ce qui lui appartient, assertion qui suppose légitime, et cela gratuitement, le moyen employé par Condillac, et qui sous un autre rapport (il n'y a pas d'autres moyens, c'est le seul moyen, dit-on,) pourrait même paraître mensongère ou du moins fort hasardée à quiconque ne reconnaîtrait pas comme vraie la remarque suivante que nous croyons devoir attribuer à Naigeon : « l'abstraction par laquelle on donne successivement à un individu chacun des sens dont on l'avait d'abord privé pour la rigueur et la signification du raisonnement, équivaut de tout point aux yeux de la science, on n'y a pas assez réfléchi, à cette autre abstraction qui, conservant à la statue tous ses sens, se serait occupée successivement et exclusivement de ce qui serait dû à chacun d'eux. » Reste donc à s'assurer de la légitimité de cette dernière. Or, elle n'est pas autre que cette méthode analytique, la seule de mise dans toute la partie expérimentale de nos travaux scientifiques. Ne dites pas dès-lors qu'elle est irréalisable, impossible. ____ rons, au contraire, pour l'avoir éprouvé mille et mille fois, que, dans le monde de l'esprit aussi bien que dans celui des sens, on peut, par suite d'expérimentations souvent lentes et nombreuses, éliminer et mettre à part, dans un tout plus ou moins complexe, ce qui appartient en propre à chaque élément (recourir sur ce point à la méthode de Bacon, décrite dans le *Novum organum*). Ce travail d'élimination, de distinction et d'analyse, ressemble effectivement à une violence faite à la nature qui paraît ne vouloir nous montrer que composés et partant que confusion ; on dirait, au premier coup-d'œil, un effort tenté pour la pervertir et la masquer, tandis que c'est le suprême ou plutôt l'unique expédient pour en faire jaillir tout ce qu'elle contient et en prendre une idée vraiment adéquate, vraiment complète. A ce point de vue général qu'il nous suffit d'indiquer, l'objection, si elle portait jusque-là ses prétentions, serait exagérée et fausse. Il n'en est plus de même si elle se renferme uniquement dans la question présente. Pour s'assurer que le toucher seul peut donner l'idée d'extériorité, il faudrait qu'il fût possible, tandis que l'on ferait jouer plus ou moins longtemps les quatre autres sens, d'empêcher tout développement, tout usage de celui-là, œuvre ingrate, tentative absolument impossible pour l'homme tel qu'il est fait et se possède. Nous sommes obligé de nous interd're ici les détails; qu'il nous suffise d'avoir signalé à cet égard un sophisme trop commun, et qui consiste à attaquer une vérité générale, au moyen d'un ou de plusieurs faits particuliers dont il n'est pas difficile de montrer le côté faible, et qu'à priori l'on donne faussement comme contenus dans la généralité. S'il est des cas où la méthode analytique soit inapplicable, les infiniment petits, par exemple, accusez-les : une fois avérés, ils limiteront la méthode, mais ils ne la frapperont pas d'une impossibilité absolue ; la méthode analytique restera, et restera inattaquable en elle-même ; seulement elle comportera des limites, qui par vos soins se verront fixées, limites au-delà desquelles elle n'aura plus rien à voir et ne sera plus responsable : n'est-il pas constant que c'est en dehors de l'objet que l'on a l'air d'attaquer, que porte et peut tomber uniquement le coup de l'accusation, si elle veut être sérieuse et juste ?

Nous pouvons aborder maintenant la quatrième et dernière partie de l'ouvrage, la seule où l'auteur, pénétrant dans l'intimité de son sujet, veut bien oublier, sauf quelques exceptions, fruits d'un penchant devenu trop habituel, ces sens et ces organes que d'ordinaire il confond dans son langage. Elle « traite des besoins, de l'in-» dustrie et des idées d'un homme isolé qui jouit de tous » ses sens. » Comme elle est peu étendue, peu importante dans son contenu, et que nous voulons éviter les redites autant que possible, notre analyse sera courte ; nos réflexions seront rapides ; d'ailleurs la question de système n'est plus là.

Chap. I. La statue, sans besoin, serait heureuse, sensiblement parlant ; intellectuellement, elle serait à peu près nulle... Le plaisir suit la proportion croissante ou décroissante du besoin, aussi bien que le désir qui trouve son apogée dans la passion... Un premier besoin satisfait, la statue n'y pense plus ; mais qu'il revienne, qu'il revienne souvent ; un jour ou l'autre elle s'apercevra de son retour : et de nouveau la prévoyance apparaît. De plus, si, pour la satisfaction de ses besoins, elle a été peu difficile d'abord, si elle obéissait à une première impulsion, comme elle s'en est quelquefois mal trouvée, à l'avenir, elle réfléchira, fera son choix, usera de sa liberté. C'est la deuxième fois, si je ne me trompe (et ce sera la dernière), qu'on prononce ce mot, sans consacrer à ce fait significatif aucune explication directe. Cependant la liberté réclame bien quelque place dans l'œuvre du psychologue ; mais l'omission ne nous saurait surprendre : Condillac avait à peine entrevu dans l'homme une force qui vient en aide à la nature ? comment aurait-il saisi cette force dans ce moment de transformation où l'homme, après réflexion, s'en empare, la fait sienne, la possède non plus seulement à ce titre qu'elle réside en lui, mais qu'il la domine, la tient en sa main, la dirige et la mène par lui-même et selon qu'il lui plaît ? L'ordre des études est déterminé par les besoins, surtout par le goût, le désir de la nourriture, qui devient bientôt le désir de telle saveur préférée ; et de là la gourmandise, qui rencontre sa punition dans la douleur. — Chap. ii. De là encore la curiosité qui veut en outre se précautionner contre tout accident où s'en défendre. — Chap. iii. La statue connaît la bonté et la beauté qui ne sont que des qualités agréables soit aux sens, soit aux passions et à l'esprit, et qui se classent comme il suit : le bon sensible, ce qui plaît à l'odorat et au goût ; le beau sensible, ce qui plaît à l'ouïe, à la vue et au toucher ; le beau non-sensible, ce que l'esprit goûte ; le bon de même espèce, ce qui plaît aux passions : plaire en même temps aux passions et à l'esprit, c'est être bon et beau. Le bon et le beau ne sont pas absolus ; ils changent avec le degré de culture. — Chap. iv. Mais, remarquez-le, notre solitaire est superstitieux ; c'est la conséquence de cette tendance naturelle qui nous porte à donner à chaque chose les attributions que nous découvrons en nous ; en lui et dans ses actions l'homme découvre un dessein, un but qu'il transporte bientôt et suppose au dehors. Imbu de ce préjugé qui tient à sa nature, sent-il la douce influence du soleil qui vient échauffer ses membres ? il se prosterne et adore le père de la lumière et de la chaleur; ainsi fera-t-il de parti pris et avec préméditation pour les autres astres, en raison du service que chacun d'eux lui rendra... Si tout plaisir suppose un bienfait et vient d'une main amie, toute douleur révèle un ennemi qui, pour ne pas se laisser toujours voir, n'en est pas moins réel : et de là les mauvais Esprits qu'on adorera pour conjurer leur colère. — Le chap. v ne manque pas d'intérêt : 1° nos jugements sur l'existence des qualités sensibles pouvaient être absolument faux ; car de même que nous ne voyons que nous avec les quatre premiers sens, il se peut que le dernier ne nous donne encore que nous... Nous ne voyons point les corps en eux-mêmes (ici Condillac entre pleinement dans la pensée de Locke). Peut-être sont-ils étendus et même savoureux, sonores, colorés, odoriférants; peut-être ne sont-ils rien de tout cela. Quoiqu'il en soit, nous en savons assez pour avoir des désirs, et notre dépendance ne nous permet pas de douter qu'il n'y ait en dehors de nous des êtres, qu'ils soient d'ailleurs étendus ou non, qui peuvent contribuer à notre bonheur, et que nous devons considérer dans notre conduite présente et future : d'où il suit qu'une plus ferme certitude à cet égard nous serait inutile. Berkeley ne pourrait guère dire mieux. 2° « Mais il est décidé par l'Écriture que les corps sont étendus, et vous rendez au moins la chose douteuse. » Réponse : « En pareil cas, le philosophe doit douter quand il consulte sa raison, comme il doit croire quand la révélation l'éclaire. » Ce langage rappelle le système de défense de Pierre Pomponat. « Mais l'Écriture ne décide rien à ce sujet; elle suppose les corps étendus, comme elle les suppose colorés, sonores , etc.; et certainement c'est là une de ces questions que Dieu a voulu abandonner aux disputes des philosophes. » Le contenu du chapitre précédent, et surtout ces quelques lignes que nous venons de citer, partant d'un homme qui, par son état même et sa position, a dû prendre des habitudes plus religieuses, se faire à des mœurs et à une foi plus sévères et plus fortes que la foule, nous disent assez jusqu'où l'esprit de parti peut aller et nous entraîner. — Le chapitre vi montre la statue, qui a commencé par s'élever de l'individuel au général, redescendant du genre aux espèces et aux individus. — Le chapitre vii nous donne une relation succincte sur un enfant trouvé en 1694 dans les forêts de Lithuanie. Il vivait avec des ours, et ne donnait aucun signe de raison. Lorsqu'on l'eut tiré de cette condition déplorable pour le rendre à l'humanité, il lui fut impossible de se rien rappeler de son premier état. — Le chapitre viii nous fait souvenir que les plaisirs et les peines ont été les premiers mobiles des facultés de la statue. Mais, s'il nous est permis de nous répéter, nous pourrions dire qu'au fond ils en sont les seuls mobiles aujourd'hui comme à son premier jour : qu'elle fuie un corps ou le recherche, c'est la douleur qu'elle veut fuir, c'est le plaisir après lequel elle court ; idées d'ordre général, de désintéressement et d'abnégation héroïque, autant d'inconnus. — Le chapitre ix qui est le dernier, sous forme de conclusion, nous rappelle : 1° que dans l'ordre naturel tout vient des sensations; 2° que cette source n'est pas également abondante pour tous les hommes; 3° enfin que l'homme n'est rien qu'autant qu'il a acquis, ce qui signifie (pourquoi le taire?) qu'autant qu'il a senti. — Là se termine la quatrième partie et simultanément le Traité lui-même.

Tel est l'homme pour Condillac, l'homme de la nature, et qui, jeté au sein d'une société régulièrement constituée, y deviendrait ce que nous y sommes.

Les quelques mots placés à la limite extrême de l'ouvrage, sous le numéro trois du chapitre neuvième, provoquent chez nous un dernier souvenir sur le compte duquel il y aurait bien quelque chose à ajouter. Nous voulons parler de cette proscription de toute innéité soit dans les idées, soit dans l'usage de nos sens, de cette table rase universelle (c'est le πίναξ ... καθαρόν de la République, mais que Platon entendait autrement) encore empruntée à Locke, et que l'on opposait aux idées innées de Descartes et de Platon. Sans traiter la double question ici en jeu, disons: 1° sur l'origine et l'innéité des idées, que la philosophie française de nos jours, s'il en fallait croire M. Pierre Leroux, admettrait exactement la solution de ce même Locke généralement trop peu compris : nous n'acceptons pas cette assertion ; 2° sur l'innéité de l'usage des sens, qu'il est impossible de la concevoir autrement que comme une capacité dans l'homme fils de la nature, capacité à qui cette même nature, en la stimulant convenablement, fait produire ses premiers fruits en plus ou moins grand nombre, jusqu'à un moment variable et indéterminé où l'homme qui a rompu avec cette tutelle primitive et s'est affranchi, s'en remet désormais à lui-même du soin de donner à ses sens l'exercice et la direction qu'il lui plaît. L'opinion de notre auteur sur ces deux points, tendant assez clairement à ravaler les commencements de notre espèce, le range dans la catégorie des penseurs qui font notre origine petite, mesquine, misérable et purement animale, au lieu de grande, noble, privilégiée, surnaturelle, comme la font en général les religions qui se comprennent. Une dernière fois nous pouvons compter Condillac dans des rangs dont la couleur contraste avec le saint caractère dont il est revêtu.

Jusqu'ici, quoiqu'il nous en coutât, nous n'avons guère

si, que blâmer ; ne doit-il pas y avoir une exception en faveur d'un livre qui a eu vogue et grande vogue, qui a fait fureur, comme disent nos contemporains. Nous désirerions sincèrement pouvoir fournir une réparation suffisante à une renommée de nos jours bien déchue, mais jamais nous ne saurions faire qu'elle équivalût à une compensation. Toutefois là où le philosophe manque, nous consentons à vo'r le rhéteur ; en l'absence du fait, à considérer l'intention ; et à ce double égard nous ne craignons pas de l'affirmer : dans le Traité des sensations existent 1° une remarquable simplicité de style et de langage, engendrant une clarté plus superficielle que profonde, il le faut reconnaître, avec une apparence d'ordre et de méthode peu communes, mais plus matérielles et extérieures que solidement et intimement vraies. « La prétendue clarté de Condillac n'est au fond que la simplicité du rien » a dit M. de Maistre, voulant sans doute rendre la même idée que nous ; 2° une retenue demi-sage dont nous devons tenir compte à l'auteur, et qui ne lui permet pas de s'arrêter avec trop de complaisance, lors même qu'il ne les supprime pas tout-à-fait, sur certaines conséquences funestes d'un principe mal compris, mais dans lequel il avait foi. Il est vrai que nous ne pourrions guère sans injustice nous défendre d'attribuer une partie de ce mérite autant au caractère du prêtre qu'à la personne même, à l'homme ; et c'est là une considération qui, si elle honore le corps auquel il appartenait, pourrait être interprétée défavorablement pour le membre qui, tout en ne se faisant pas faute de dépasser les règles posées, aurait su mettre une certaine mesure et quelque modération dans ses excès, s'arrêtant par prudence et politique habile, au point où l'attendait le scandale et le reniement des siens : mais nous n'insistons pas sur ces soupçons que différentes circonstances (comme l'omission du nom de Hobbes, dont nous avons parlé, de Hobbes trop mal famé pour qu'on osât se placer sous son patronage) rendent du reste admissibles à quelque degré.

Voici le portrait que nous en offrent, chacun de leur point de vue, deux auteurs modernes que nous avons déjà cités. — M. Pierre Le Roux : « Condillac, le copiste de Locke, n'a pas dans ses idées plus d'ampleur que de nouveauté ; esprit passionné dans son exclusivisme, qui ne voit de la réalité que le seul côté que son amour embrasse, sans même apercevoir les conséquences de son étroit système ; et qui, en outrant au dernier point l'idée expérimentaliste, a dû servir à la faire rejeter plus tôt. » — M. Ph. Damiron : « Seul des philosophes de son temps, dont plusieurs avaient pourtant du mérite, Condillac fit école, grâce à l'exactitude de son langage, à la simplicité de ses déductions et au caractère de ses doctrines qui étaient tout-à-fait dans l'esprit du temps. » — Encore un mot de Walkenaer, qui ne s'adressait pas à notre auteur, mais qui lui convient singulièrement, au moins sous son côté principal : « C'est souvent à leurs imperfections et à leurs défauts même que les grands écrivains doivent une partie de leur renommée et les vives sympathies qu'ils excitent (*Plutarque français*, vie de Jean de la Fontaine) ».

En finissant (et, dans la nécessité où nous étions de borner nos développements, nous finissons plus tôt que nous ne l'eussions voulu), nous pouvons au moins, on nous le permettra, nous rendre ce témoignage, qu'aucune question n'a été omise de toutes celles qui, par leurs résultats ou en elles-mêmes, présentent un véritable intérêt. Qu'on nous permette encore de croire qu'après avoir reproduit sommairement et sous un plus petit volume toute la substance du Traité des sensations, nous aurons pu, à l'aide des notes critiques qui accompagnent notre essai, mettre le lecteur à même de porter sans beaucoup de peine sur l'ouvrage un jugement motivé et définitif.

LEHARIVEL,

BACHELIER ÈS-SCIENCES, LICENCIÉ ÈS-LETTRES,

Chargé du Cours de philosophie au collége de Magnac-Laval (Haute-Vienne).

Vu et lu, le 15 juin 1841, par le Doyen de la Faculté des lettres de Caen,

F. G. BERTRAND.

Permis d'imprimer, 25 juin 1841.

Le Recteur de l'Académie,

DANIEL.

Documents manquants (pages, cahiers...)
NF Z 43-120-13

www.ingramcontent.com/pod-product-compliance
Lightning Source LLC
LaVergne TN
LVHW021003090426
835512LV00009B/2039